À Lou, Marjane, Ella, et celui à venir.
Les plus efficaces des garde-fous,
nos plus belles histoires.

© 2015, Éditions de La Martinière,
une marque de la société EDLM.
Connectez-vous sur www.editionsdelamartiniere.fr

Manon Quérouil-Bruneel et Véronique de Viguerie

PROFESSION

DEUX BAROUDEUSES EN TERRAIN MINÉ

Éditions
de La Martinière

SOMMAIRE

Introduction 9

Poker afghan 14

COULISSES. L'Afghanistan, c'est notre terrain de jeu de prédilection 16
FOCUS. Le choix de l'objectif 26
ARTICLE publié dans *Geo*, n° 410, avril 2013.
L'Afghanistan, ces chefs de guerre qui font la loi 40

#BringBackOurGirls 48

COULISSES. Nous devons faire vite pour surfer sur le hashtag
#BringBackOurGirls 50
FOCUS. Photographier des disparues 60
ARTICLE publié dans *Marie Claire*, n° 742, juillet 2014.
Pourquoi Boko Haram kidnappe nos filles 68

Amazones kurdes 74

COULISSES. Depuis plusieurs mois déjà,
nous suivons l'avancée sanglante de l'État islamique 76
FOCUS. Photographier la guerre 86
ARTICLE publié dans *Marie Claire*, n° 748, octobre 2014.
Irak, les insoumises kurdes en guerre contre le djihad 96

La traversée des déserts 102

COULISSES. Les enjeux écologiques ne sont, *a priori*, pas notre tasse de thé 104
FOCUS. La pression du déroulé visuel 114
ARTICLE publié dans *Geo,* n° 420, février 2014.
Pilleurs de sable 128
ARTICLE publié dans *Geo,* n° 430, décembre 2014.
Chasseurs d'icebergs 130

La charia sous les tropiques 138

COULISSES. Comment nous sommes parties le bikini au fusil 140
FOCUS. Discrète, tu seras 150
ARTICLE publié dans *Marie Claire,* n° 753, avril 2015.
Soleil voilé sur les Maldives 164

À la recherche du soldat William 170

COULISSES. On l'avait juré, promis : nous n'irions pas en Syrie 172
FOCUS. L'éternelle quête du héros 182
ARTICLE publié dans *Paris-Match,* n° 3438, 7 avril 2015.
Les brigades internationales contre Daech 192

Dans les pas des Sherpas 198

COULISSES. C'est le genre de sujet dont on regrette assez vite d'avoir eu l'idée 200
FOCUS. Sujet potentiellement magnifique 208

Épilogue 218

Remerciements 220

Manon & Véronique

Comment décrire le livre que vous avez entre les mains, mélange un peu suspect de reportages parus dans la presse, de portfolios inédits et de secrets de réalisation ? Des mémoires ? Certainement pas. À trente ans et des poussières, ce serait absurde, sinon prétentieux. Une sorte de « Que sais-je ? » du journalisme ? Pas davantage. Il n'y a rien de théorique dans ces pages. Pas de vérités brocardées, pas de conseils distillés. À peine quelques tacles gentillets pour lancer le débat. Non, nous avons plutôt pensé cet ouvrage hybride comme le récit morcelé de nos aventures de terrain : un témoignage partial sur une expérience qui s'écrit encore. Un regard croisé, entre texte et photos, sur des thèmes d'actualité et d'autres qui le sont moins. Une réflexion agitée, aussi, sur notre métier malmené.

« Le journalisme est un enfer, un abîme d'iniquités, de mensonges et de trahisons », disait l'ami Balzac. Rien que ça. Complaisante, racoleuse ou agonisante, la presse en prend régulièrement pour son grade. Au risque de passer pour des béni-oui-oui, nous, on a plutôt envie de parler de passion. Du privilège de pouvoir rendre compte de l'histoire en train de s'écrire, de cette chance de raconter des hommes et des femmes inaudibles. Du plaisir sans cesse renouvelé de transposer une langue, un univers, des visages. De faire parler un silence, une posture, un petit rien du quotidien. Avec un faible assumé pour les embrouilles, les mondes obscurs et les zones de gris.

Nous nous efforçons d'aller là où la parole est bâillonnée et les caméras limitées. Comme en Afghanistan, en Irak, au Nigeria ou en Syrie. Nous y avons cherché l'humain derrière l'énigme monstrueuse de la guerre, effleurant les confins d'une réalité peuplée de fantômes et de cauchemars. Le journalisme de guerre est une ascèse pour débarrasser l'écriture de ses fioritures et la photo de ses effets de style. Mais il est dans l'urgence, le scoop, le « tout, tout de suite ». Il faut varier les plaisirs. Il nous arrive donc d'embarquer pour traiter des sujets au long cours, à bord d'un chalutier en mer du Nord, à l'arrière d'un pick-up dans les dunes du Sahara occidental, sur les sommets enneigés de l'Himalaya. Là, on prend le temps d'écouter nos interlocuteurs, d'oublier nos vies pour mieux raconter la leur. Il n'y a pas de sujet mineur. Chaque fois, la quête du détail, l'injonction d'informer au plus près, de ne rien déformer, la conscience de notre responsabilité nous poussent dans nos retranchements. Sans prétendre être exemplaires pour autant.

À rebrousse-poil du mythe du baroudeur en gilet multipoche, un peu mythomane, un peu alcoolique, mais toujours triomphant, nous avons pris le parti de ne rien cacher de nos erreurs, de nos regrets et de nos manquements. Les aléas du métier sont parfois les meilleures histoires à raconter. Celles qu'on partage habituellement dans l'intimité, autour d'un

Introduction

verre ou avec les confrères. Les rencontres extraordinaires ou moins plaisantes, les attentes, les déconvenues, les difficultés imprévues..., le format des magazines laisse peu de place à ces coulisses des reportages. C'est dommage, car il y a beaucoup à tirer de ce décalage entre le vécu et la version publiée. À condition, bien sûr, de parvenir à livrer ces souvenirs de terrain avec un peu de distance et d'humour, sans qu'ils sonnent comme des radotages d'anciens combattants qui n'intéressent qu'eux-mêmes.

Nous nous y sommes essayées avec enthousiasme et plaisir, pas entièrement convaincues d'avoir évité tous les écueils mais portées par l'envie de retranscrire au plus juste notre réalité. Celle d'un binôme rare dans un monde de loups solitaires, trouvant dans l'une ce qui manquait à l'autre. D'un tandem féminin et fier de l'être, qui n'a pourtant jamais l'impression d'en faire assez. De deux jeunes mamans écartelées entre l'appel viscéral du terrain, les prises de risque inhérentes, et nos nouvelles responsabilités. Celle, enfin, de deux accros du grand reportage, qui rêvent du prochain quand le précédent est à peine bouclé. Ce livre est le récit, en mots et en images, de cette inépuisable addiction.

Burqa obligatoire pour la province en Afghanistan.

Niqab à la mode pakistanaise.

Hidjab pour Kaboul.

Tchador allégé à l'irakienne.

Poker

afghan

2 CHIFFRES CLÉS ET 1 PROVERBE :
> 34 provinces, qui constituent autant de petits Afghanistan autonomes, affranchis du pouvoir central de Kaboul,
> 17 205 hommes regroupés sous la bannière de la police locale afghane. Au moins trois fois plus de miliciens qui opèrent en totale liberté dans le Nord du pays,
> « Quand la caravane change de sens, l'âne boiteux se retrouve en tête ».

NOS ALLIÉS :
> nos amis expatriés à Kaboul, qui nous logent et nous conseillent,
> notre fixeur dévoué, qui compense son émotivité par une vraie volonté de tout bien organiser.

NOS ADVERSAIRES :
> les chefs de guerre divas, comme Dostom, pour lequel nous avons roulé mille bornes… pour rien !
> les talibans, invisibles mais en embuscade dans la région,
> le kebab hors d'âge, compliqué à la digestion…

NOTRE BUDGET :
> 200 dollars par jour pour le fixeur émotif,
> quelques bakchichs pour décider certains à nous aider,
> 80 dollars pour une nuit dans un taudis. Travailler en Afghanistan coûte très cher.

INDISPENSABLES :
> la burqa d'occasion pour circuler incognito dans le pays,
> les porte-clés en tour Eiffel pour emporter le soutien des villageois,
> des barres de céréales pour subsister hors du kebab…

Voyage en burqa pour dissimuler nos têtes qui ne font pas couleur locale. Notre meilleure protection.

AFGHANISTAN
`DESTINATION :`
> le nord de l'Afghanistan.
`REPORTAGE :`
> enquêter sur ces chefs de guerre qui se disputent le pays.

L'Afghanistan, c'est notre terrain de jeu de prédilection.

Plus d'une décennie qu'on y promène nos stylos et nos appareils. Ce qui nous donne le sentiment, illusoire peut-être, d'être à peu près légitimes pour en parler. Avec ce reportage sur les seigneurs de la guerre, on avait envie de viser plus loin que les problématiques rebattues sur l'opium ou les talibans. De revisiter le « grand jeu » afghan, loin de Kaboul, en rencontrant ces milices féodales et ces armées de fortune mises sur pied par des Américains pressés d'en finir. De trancher avec l'immédiateté pour explorer les défis et perspectives d'avenir de ce pays qu'on aime tant, mais qu'on visite un peu comme on se rend au chevet d'un vieil ami malade. Avec une affectueuse nostalgie, et peu d'espoir d'en raconter un jour la guérison.

Notre voiture est en panne. Arrêt forcé mais sympathique dans une maison de thé à Mazar-e Sharif.

Il y a toujours cette **vague de chaleur qui nous envahit** quand, depuis l'avion, on aperçoit les montagnes déchiquetées qui annoncent Kaboul. Un attachement compliqué à partager, presque viscéral. Lié aux gens, généreux, authentiques, et aux soubresauts politiques dont nous avons été les témoins privilégiés. Même si l'Afghanistan que nous avons connu, celui que nous avons fantasmé en lisant Kessel, celui que nous avons aimé au point d'y poser nos bagages, celui où nous nous sommes rencontrées, n'existe plus vraiment. Le pays est de moins en moins praticable hors des chemins balisés de l'*embed,* quand on est « embarqué » avec les troupes militaires – ce qui est loin d'être la panacée pour prendre le pouls d'une population. Plonger dans les méandres afghans ressemble désormais à une partie de poker: il faut payer pour voir. Or, les magazines ne sont plus très joueurs, surtout pour des sujets en marge de l'actualité comme celui-ci. Et les fixeurs, de plus en plus chers. Il faut donc y aller un peu au bluff. C'est ainsi que nous avons développé un talent créatif pour convaincre, sinon de la rentabilité du sujet, du moins de sa nécessité éditoriale absolue.

À la guerre comme à la guerre

Pour avoir la chance de partir, il faut déployer toute une stratégie en amont qui met parfois à rude épreuve l'image romanesque que nous nous faisons de notre métier. Être journaliste indépendant en 2015, c'est accepter de troquer son gilet de baroudeur contre un costard de commercial. Et sortir la calculette. Pour ce reportage comme pour d'autres, nous avons dû attendre une seconde commande pour financer notre départ. Aujourd'hui, les groupes de presse raisonnent selon un critère qui écrase trop souvent tous les autres : celui du coût de revient par page. Un reportage en Afghanistan, un shooting de mode ou une enquête en France : même combat, même tarif. Réussir à partir est un défi, presque aussi difficile que celui de ramener le sujet. Heureusement, il reste le « presque ».

Au nom de la belle lumière. Café-clope aux aurores sur un toit à Jeyretan, ville frontière entre l'Afghanistan et l'Ouzbékistan.

Vogue la galère

Dans les coulisses du reportage, se niche tout un lot de galères indécelables dans la version publiée. Pas toujours glamour, mais qu'on adore détester. On pourrait choisir de ne raconter que les succès et les souvenirs de braves. Mais la réalité du terrain, c'est beaucoup de *loose* au quotidien. Contretemps frustrants, interlocuteurs aux abonnés absents, prises de risque pas toujours payantes... Le reportage, c'est l'école de la patience, mettant nos tempéraments impétueux à rude épreuve. Version afghane, ça donne de longues soirées cloîtrées dans un hôtel désert à ingérer du kebab froid en attendant de pouvoir se risquer au-dehors ; des heures de voiture sur des routes pas très sûres à suffoquer dans la touffeur d'une vieille Jigouli et de nos burqas d'occasion aux relents d'oignon ; des tonnes de salamalecs et de litres de thé avalés avant de pouvoir entrer dans le vif du sujet. Et même, une épreuve de tir à la kalachnikov dans des champs heureusement déserts pour dérider un chef de guerre pas commode. Car en plus des défis logistiques, il y a le volet humain à gérer. C'est même la plus grosse partie du

Qu'est-ce qu'on peut bien se raconter ?
Sans doute des histoires de guerriers...

reportage. Celle que je préfère, je crois. La plus enrichissante, dans la découverte des autres et de soi. Au cours de notre périple afghan, nous avons tantôt joué les vierges effarouchées pour nous placer sous l'aile protectrice d'un commandant faisant la pluie et le beau temps, tantôt tapé du poing sur la table pour en secouer un autre qui nous prenait pour des billes. Nous avons également dû gérer un hôte susceptible, qui nous a boudées une bonne partie du séjour parce que nous avions désobéi à ses consignes de sécurité – certes sensées, mais incompatibles avec la bonne tenue de notre sujet. Ou encore un fixeur plein de bonne volonté mais excessivement émotif qui, un soir, a éclaté en sanglots devant toute une assemblée de *warlords* consternés. Il a fallu lui moucher le nez, puis tenter tant bien que mal de restaurer sa crédibilité auprès de cet aréopage-plus-viril-tu-meures. Peine perdue.

Interdiction de sortir à la nuit tombée. Dîner glauque au sous-sol de notre hôtel.

Partners in crime

Chaque reportage comporte une leçon de vie qui nous rappelle que nous sommes perfectibles. Ça, oui ! Véro, qui était la reine de l'impro et de la dernière minute, a incontestablement appris au fil des ans à s'organiser et à conceptualiser ses photos. De mon côté, j'ai l'impression de savoir mieux prendre sur moi qu'à nos débuts, quand je risquais pour un coup de sang tout un patient travail d'approche. J'en suis la première étonnée, mais je réalise que j'ai pris goût à cette étape incontournable qui consiste à parlementer pendant des heures, y compris dans un persan approximatif. J'ai, par contre, encore des progrès à faire pour désamorcer un conflit. Là, c'est plutôt Véro qui s'y colle. Moi, je suis meilleure dans le rôle du *bad cop*. Notre chance, c'est d'être complémentaires. Nos reportages sont le reflet de son enthousiasme mâtiné de ma circonspection ; de son éparpillement contrarié par mes tendances psychorigides ; de son œil et de ma tchatche. Dans la pratique, nous avons nos petits arrangements, fruits d'âpres marchandages menés au gré des reportages. Elle me laisse systématiquement le hublot en avion, je m'engage en retour à ne jamais briguer la place près de la fenêtre en voiture pour qu'elle puisse shooter en chemin. Ce qui implique, pour donner toute l'étendue de mon sacrifice, d'occuper l'inconfortable place du milieu, collée d'un côté à elle (ce qui ne me dérange pas outre mesure), de l'autre au fixeur émotif ou au gros commandant, ce dont je m'accommode nettement moins bien... Comme elle est plus courageuse, elle chasse les vilaines bêtes de la chambre à mains nues. En retour, je lui témoigne ma gratitude en lui faisant la lecture pendant qu'elle retouche ses photos. Elle est en charge de l'orientation, je tiens les cordons de la bourse. Elle est ma sœur de reportage, ma partenaire de crime avec laquelle je doute, je ris et je mûris.

> Mais si, mais si, on est très à l'aise avec nos petits copains. On tchatche, on prend des photos, on les bouscule un peu...

Il était une fois notre rencontre

C'était en 2004, à la faveur d'une des nombreuses sauteries d'expatriés à Kaboul pour tromper l'ennui des couvre-feux. À l'époque, Véro était une jeune photoreporter qui faisait des extras au restaurant français starisé dans la série *Kaboul Kitchen,* en attendant le scoop qui mettrait du beurre dans les épinards. Je végétais dans les arcanes onusiens, de moins en moins convaincue d'apporter ma pierre à l'édifice de la reconstruction afghane depuis mon bureau-bunker. Au début, on ne s'aimait pas. Elle me trouvait *full of myself*, pour reprendre son affectueuse désignation. Je la soupçonnais d'être alcoolique. Non, c'est pas vrai. Même si notre amitié, nous l'avons scellée autour de quelques tequilas frappées un soir de désœuvrement. De partenaires redoutables à la belotte, nous sommes d'abord devenues amies, puis collègues. L'ordre est important. Bien sûr, notre association n'est pas un long fleuve tranquille. Il est difficile, dans ce métier, de se jurer fidélité. Quand il nous arrive de travailler avec quelqu'un d'autre, on a cet étrange sentiment de trahir, pour celle qui part, ou d'être abandonnée, pour celle qui reste. Et puis, à vivre vingt-quatre heures sur vingt-quatre ensemble, souvent dans des conditions difficiles, on finit par ressembler à un vieux couple : on se bouffe le nez, on se balance des vacheries, on boude, puis on s'aime à nouveau. Quand le navire tangue trop fort, qu'il faut en passer par des mises à plat un peu vives, on boit un coup de tequila. Et on repart comme en quarante.

Manon

Kalach antédiluvienne et Thermos de thé.

Poker afghan

Réunion de paysans excédés par les exactions que commettent les miliciens. On ressemble à un poster au mur tellement on n'a rien à voir avec l'ambiance.

Mir Alam, redouté chef de guerre, aime soigner ses hôtes étrangers et son image. Il nous invite à un déjeuner gargantuesque dans son palais.

Le choix de l'objectif

AVANT DE PARTIR
> C'est la première fois que je pars aussi longtemps – trois semaines – depuis que j'ai accouché de Lou, il y a neuf mois. Au moment de partir, j'ai l'impression que l'on m'arrache un morceau de moi. J'étais loin de me douter que mon cœur était aussi mou. Avant même de penser à l'organisation de mon reportage, il faut dorénavant que je m'attelle à celle, minutieuse et compliquée, de « la vie sans moi ».

SUR PLACE
> La sécurité dans le pays s'est encore dégradée, même dans le Nord. La voiture nous dépose devant la porte du bâtiment où nous avons rendez-vous. Nous avons trente minutes pour faire interview et photos avant de rabattre nos burqas et de nous engouffrer à nouveau dans la voiture. C'est pour notre sécurité mais surtout celle de nos hôtes qui prennent le risque de nous rencontrer.

Pour gagner du temps et de la spontanéité, je choisis mes objectifs à l'avance :
> mon téléobjectif (70-200 mm). Dans la voiture, je le garde caché sous le siège de devant pour prendre des photos à la volée, à travers ma burqa.
> le 40 mm reste mon préféré pour les portraits en intérieur quand j'ai le temps de travailler mon cadre. Il est tout petit, n'a rien d'impressionnant, et se débrouille très bien en « basse lumière » ;
> mon grand angle (14 mm), c'est celui de l'action. Il faut être au cœur, à quelques centimètres seulement de son sujet. Il a un rendu très dynamique, même s'il a tendance à déformer beaucoup, surtout dans les angles.

En aucun cas, mes images ne doivent pâtir de la difficulté des conditions dans lesquelles nous travaillons. Je dois m'adapter, travailler vite, et surtout réfléchir à deux fois avant de sortir l'appareil : est-ce que cette image vaut vraiment le coup de se faire repérer ? À ce rythme-là, j'en loupe forcément quelques-unes. Bizarrement, les photos que je n'ai pas prises sont celles qui restent gravées dans ma mémoire. Parfois, elles m'empêchent de dormir. Je refais le déroulé de la journée, et si, et si, et si…

J'ai tellement peur de ne pas avoir assez de photos que je suis prête à nous faire prendre tous les risques. On n'arrête jamais, on ne s'avoue jamais vaincues, on nous ferme une porte, on entre par la fenêtre. On en oublie tout, compagnon, enfants, amis. Pourtant, à l'arrivée, il manquera quelques photos promises et nous serons sanctionnées financièrement par le magazine.

AU RETOUR
Depuis quelque temps, j'ai une nouvelle arme secrète. Benoît, mon compagnon, m'a initiée à la retouche. Photoshop et ses petits miracles. Comme toutes les bonnes choses, il faut en user avec modération.
La règle éthique à respecter pour les photoreporters : ne pas en faire plus qu'en chambre noire. Il faut cependant reconnaître que ça sublime une image.

Véronique

Pirates de Somalie. Photo prise en 2008, sans et avec retouches.

Ci-dessus. Les *lashkars*, ces milices locales omniprésentes.
Ci-dessous. Prière du matin au camp de Naséri Qanaka à Imam Saheb.

Ci-dessus. À la frontière avec le Tadjikistan.
Ci-dessous. L'hiver, les régions montagneuses du Nord sont coupées du monde par la neige.

Ci-dessus. Mine de charbon de Pul-e-Khumri.
Ci-dessous. Les paysans ploient sous le poids de l'*ushr*, la taxe locale imposée par les seigneurs de guerre.

Le seigneur de guerre Muhammad Umar défie ouvertement le chef de la police de Kunduz.

Le chef de la police Abdul Qayyum Ibrahimi trempe dans un juteux trafic de drogue avec le Tadjikistan. Depuis, il est mort dans un attentat.

Ci-dessus. Les palais des *warlords* à Kunduz, construits avec l'argent de l'opium.
Page de droite. Centre-ville de Kunduz.

Ci-dessus. Les opposants aux seigneurs de guerre sont accusés de complicité avec les talibans et croupissent dans la prison de Kunduz.
Page de droite. Hôpital psychiatrique d'Hérat, sous le règne du célèbre seigneur de guerre Ismail Khan. Dans ces régions du monde, les fous sont traités comme des animaux.

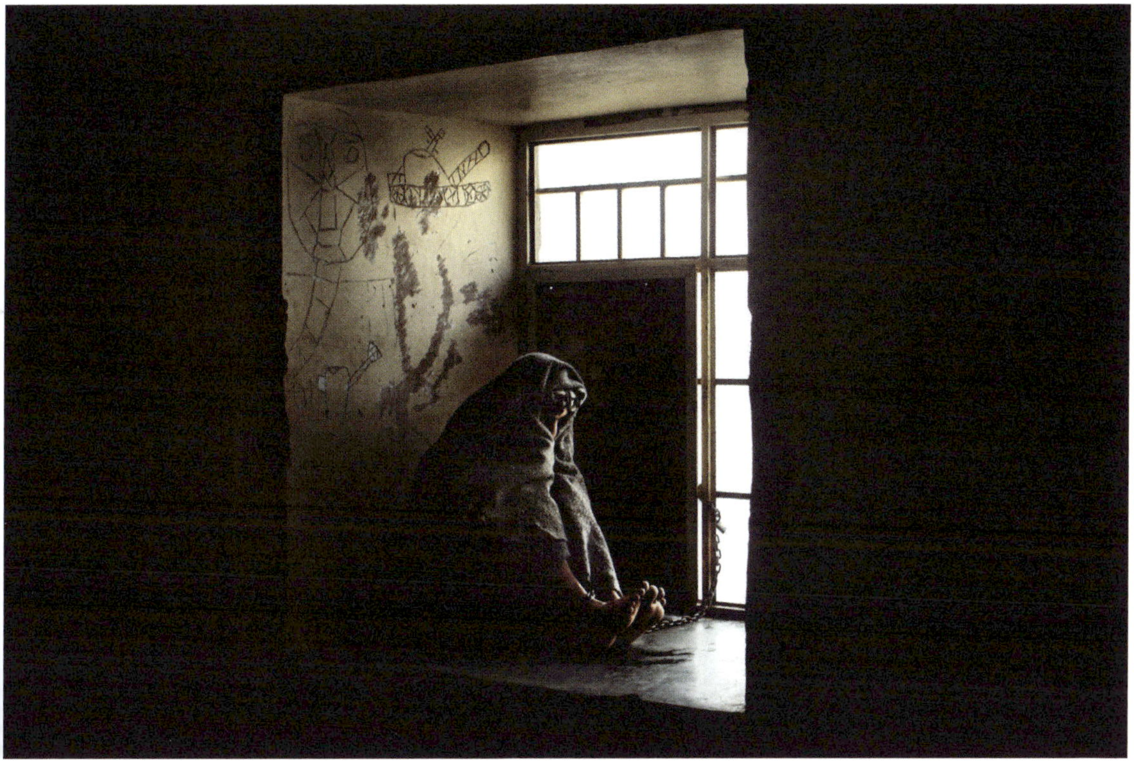

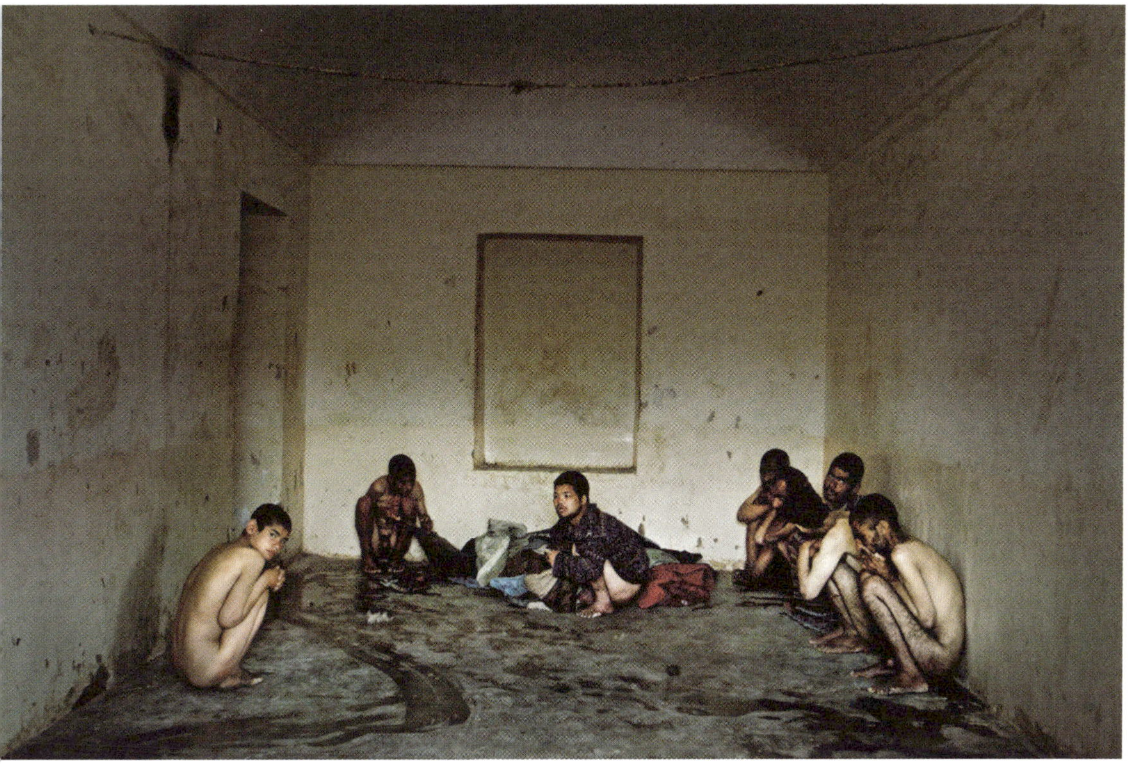

S'IL N'EN RESTAIT QU'UNE...

Cette photo n'a pas attiré l'attention, pas plus qu'elle n'a été sélectionnée pour paraître dans les pages du magazine. Pourtant, cette scène de la vie quotidienne, ces femmes en burqa qui attendent devant la prison l'heure des visites, est dynamique. Photographier l'ordinaire est souvent plus compliqué que photographier l'extraordinaire. **Véronique.**

... ET UNE AUTRE ENCORE

Évidemment, cette image est plus forte. Mais elle ne m'a demandé aucune technique, aucun travail particulier.
Elle se suffit à elle-même. Cette mère tient dans ses bras sa fille qui vient d'être percutée
par un convoi de miliciens. Ils ne se sont même pas arrêtés pour lui porter secours. **V.**

GÉOPOLITIQUE

AFGHANISTAN
CES CHEFS DE GUERRE QUI FONT LA LOI

PAR MANON QUEROUIL-BRUNEEL (TEXTE)
ET VERONIQUE DE VIGUERIE (PHOTOS)

L'essentiel des troupes de l'Otan devrait s'être retiré du pays à la fin de l'année 2014, laissant la place aux forces afghanes. Parmi elles, de nombreux potentats locaux à la tête de milliers de miliciens. Chargés de lutter contre les talibans, ils sèment aussi la terreur parmi la population. Et font craindre le pire pour l'avenir. Reportage.

Aqssai, petit village de la province de Kunduz, vit sous la protection de Muhammad (en son centre). Ce vétéran des diverses guerres d'Afghanistan et ses 400 hommes assurent l'ordre dans le district à la place des forces officielles. En guise de rétribution pour leurs services, ses troupes rançonnent voitures et maisons.

LE QUARTIER NEUF DE KUNDUZ REFLÈTE LES **FORTUNES AMASSÉES** PAR CES TROUBLES ALLIÉS DU RÉGIME

VICTIMES DE RACKETS, KIDNAPPINGS ET VIOLS, LES PETITS PAYSANS EN VIENNENT À REGRETTER **LA GRANDE TALIBANE**

FLIC OU VOYOU ? ICI LA FRONTIÈRE EST TÉNUE. MÊME LE CHEF LOCAL DE LA POLICE AFGHANE TREMPERAIT DANS LES TRAFICS

DANS CETTE ZONE OÙ SE MÊLENT LES PEUPLES D'ASIE CENTRALE, LA VIOLENCE SE NOURRIT AUSSI DES **RANCŒURS ETHNIQUES**

ARTICLE PUBLIÉ DANS *GEO*, N° 410, AVRIL 2013

Afghanistan. Ces chefs de guerre qui font la loi

L'essentiel des troupes de l'Otan devrait s'être retiré du pays à la fin de l'année 2014, laissant la place aux forces afghanes. Parmi elles, de nombreux potentats locaux à la tête de milliers de miliciens. Chargés de lutter contre les talibans, ils sèment aussi la terreur parmi la population. Et font craindre le pire pour l'avenir. Reportage.

Sous un toit de paille planté au milieu des champs, les anciens sont sur leur trente-et-un, suspendus aux lèvres de Muhammad Umar. L'homme fort d'Aktaj, petit village perdu aux confins nord de l'Afghanistan, dans la province de Kunduz, ménage ses effets. Alangui sur un coussin, il sirote son thé par petites lampées, décortique avec minutie les amandes disposées devant lui. La scène a le charme d'un tableau bucolique, bercée par le jacassement des oies en toile de fond. À ceci près que l'horizon est obscurci par une forêt de kalachnikovs. D'un côté, des policiers en uniforme. De l'autre, une troupe plus hétéroclite en sandales et vestes de treillis : l'escorte personnelle de Muhammad Umar. L'homme n'est ni le maire du village, ni une personnalité officielle du gouvernement afghan. Juste un puissant chef de guerre, comme il en existe des dizaines dans cette province frontalière du Tadjikistan qui compte près de 800 000 habitants.

À la tête d'une armée privée de plus de 4 000 miliciens, ce colosse au visage buriné fait la pluie et le beau temps à Aktaj. C'est lui qui arbitre les conflits entre villageois, sur lesquels il a un droit de vie et de mort. Lui qui prélève, quand bon lui semble, une dîme sur les récoltes des paysans pour nourrir ses nombreuses troupes. Et c'est lui encore à qui le chef de la police vient régulièrement faire des courbettes pour s'assurer son soutien : « Sans son aide, impossible de sécuriser ces coins reculés », reconnaît, sans ciller, le fonctionnaire. Car Muhammad Umar, vieux briscard du « grand jeu » afghan, rescapé du djihad contre les soviétiques puis recruté en 2008 par les services secrets afghans, a aussi pour mission d'éradiquer les poches talibanes dans la région.

Dans des zones stratégiques telles que la province de Kunduz, où les forces officielles ne suffisent pas à repousser les talibans, le régime du président Karzai a en effet dû recourir à des commandants locaux comme Muhammad Umar. Qui attendent, les armes à la main, une récompense pour leurs bons et loyaux services. Ni lui ni ses miliciens ne reçoivent de salaire pour faire ce travail de nettoyage que la police ne fait pas. Juste un soutien ponctuel, quelques voitures et des munitions, quand la situation se détériore. De quoi délaisser ses amandes : « Nous avons perdu beaucoup d'hommes et repoussé avec succès les talibans. Pourquoi le gouvernement ne reconnaît-il pas notre existence et notre utilité ? » râle le chef de guerre. Muhammad Umar est d'autant plus énervé que d'autres sont parvenus à tirer leur épingle du jeu.

Depuis 2010, beaucoup de ces miliciens utilisés comme paratonnerres dans la lutte contre l'insurrection talibane ont officiellement été regroupés sous la bannière de l'Afghan Local Police (ALP). Cette police locale, composée de 17 205 volontaires payés 9 000 afghanis par mois (135 euros), a été mise en place dans 77 des 398 districts que compte l'Afghanistan, là où la sécurité demeure problématique. Un peu dans le sud du pays, beaucoup dans le nord, où les nombreux chefs de guerre, farouchement antitalibans, ne demandaient qu'à recycler leurs milices désœuvrées. Et, au passage, recevoir de nouvelles armes obligeamment fournies par le gouvernement.

Dans la province de Kunduz, les troupes de l'ALP comptabiliseraient environ 1 200 hommes, placés sous la supervision lointaine du ministère de l'Intérieur à Kaboul. Formées en trois petites semaines par les forces spéciales américaines, ces nouvelles factions, dans un pays où l'Otan s'est longtemps échinée à mener une vaste et coûteuse campagne de désarmement, font grincer quelques dents. Le recrutement de miliciens pour former l'ALP laisse, de fait, un goût amer de retour en arrière chez de nombreux observateurs. Un officier du NDS, les services secrets afghans, confie : « Les Américains ont créé les ALP pour finir leur guerre. Quand ils rentreront bien au chaud chez eux, ça nous explosera à la figure. » Le constat est partagé par Olivier Neola, analyste à l'Union européenne, qui reconnaît que « les diplomates, à court d'idées pour endiguer l'insurrection dans le pays, essaient de retourner le problème de la violence privée en solution ». Le rapport publié en septembre 2011 par l'ONG Human Rights Watch est accablant : viols, rackets, assassinats ciblés… La liste est longue des exactions commises par ces « milices », qu'il s'agisse de policiers locaux ou de groupes donnant un coup de main ponctuel au pouvoir central. La conclusion, elle, est sans appel : loin de contribuer à l'effort de paix, ces milliers d'hommes armés pourraient au contraire souffler sur les braises d'une nouvelle guerre civile.

Ce n'est d'ailleurs pas un hasard si le programme de recrutement des ALP, exception faite des États-Unis, n'a jamais été soutenu par les autres pays engagés auprès de la force armée de l'Otan en Afghanistan. En premier lieu, la France, la Grande-Bretagne et l'Allemagne. « Les Européens ont toujours été frileux », tacle le colonel Bolduc, un « Special Force » en charge de la formation des ALP. Dans son bureau surchauffé de Kaboul, les images du 11 septembre défilent en boucle sur un écran de télévision. Cette police locale, c'est le ticket de sortie du bourbier afghan pour des milliers de GI. Alors, il la défend bec et ongles, s'accroche à sa présentation PowerPoint comme à une bible, et oppose aux sceptiques le processus « méthodique » de recrutement et les « nombreux garde-fous » – ministère de l'Intérieur, Conseil des anciens, maires des villages – sensés encadrer le programme.

Début septembre 2012, les États-Unis ont pourtant dû se rendre à l'évidence. Le loup était entré dans la bergerie : quelques jours auparavant, dans la province de Farah, au sud-ouest du pays, un policier de l'ALP retournait son arme contre deux soldats américains, les tuant sur le coup. Le commandement des forces spéciales américaines en Afghanistan suspendait durant quelques jours la formation, dans l'attente d'une vérification plus approfondie des identités et des accointances des policiers déjà recrutés, ceci afin d'éviter toute infiltration talibane. Mais depuis, les recrutements ont repris. Pour les Américains, il s'agit en effet de « marquer une ligne dans le sable », c'est-à-dire d'afficher ostensiblement, par la présence de ces groupes de défense volontaires, les zones acquises au régime du président Karzaï. La métaphore est intéressante, car il n'y a rien de plus éphémère qu'une marque dans le sable, qu'on piétine ou redessine à l'envi. Elle dit bien aussi la nature profondément versatile des alliances en Afghanistan... D'autant que les effectifs de cette police locale doivent pratiquement doubler avant le retrait des troupes étrangères, prévu en 2014. Pour tenir les objectifs, le gouvernement afghan et son allié américain devront sans doute revoir leurs standards de recrutement à la baisse, privilégier la quantité plutôt que la qualité. Dans ces conditions, comment s'assurer de la loyauté de ces ALP recrutés à la va-vite ? Et que faire des milices qui continuent de sévir en toute impunité ?

Sur le terrain, les policiers locaux sont bien loin de ces questions, bien loin de Kaboul. À Imam Saheb, une ville de 300 000 habitants dans la province de Kunduz, ils n'ont même jamais entendu parler de la suspension de leur programme de formation. Ici, les 300 ALP sont sous les ordres d'Abdul Ghyas Jan Aqa, un ancien moudjahidine avec quelques heures de vol. Son visage est rond et souriant, la plupart du temps. Son histoire, exemplaire. Comme lui, la majorité de ses hommes ont mené le djihad contre les soviétiques, puis se sont battus contre les talibans lors de la guerre civile qui a suivi. Mais il y a aussi dans les rangs d'anciens talibans, qui ont rasé leur barbe et retourné leur veste. Dans les campagnes afghanes, la guerre n'est pas, en effet, une histoire d'idéologie… mais de gros sous. Ce qui donne parfois lieu à des retournements d'alliance spectaculaires. Dans la section du commandant Assad, on trouve ainsi un policier local nommé Mollah Carabine, en français dans le texte. Avant de se ranger il y a quelques mois sous le commandement d'Assad, Mollah Carabine l'a combattu avec acharnement aux côtés des insurgés. Désormais, avec le même acharnement, il affronte ses anciens frères barbus.

Si les talibans sont moins visibles dans la province de Kunduz, ils restent en effet bien présents. Les accrochages sont fréquents, tout comme les bombes artisanales disséminées sur le parcours des convois. En place depuis plus de deux ans, moins payé mais plus exposé que ses confrères de la police nationale, le commandant Assad a le sentiment irritant de servir de chair à canon bon marché. « À chaque patrouille, nous risquons nos vies. C'est pourtant grâce à nous que le pays n'est pas tombé aux mains des talibans ! » Assad en profite pour dénoncer le peu d'empressement de la police nationale d'Imam Saheb à leur porter secours. En cause : les relations houleuses entre son chef, Abdul Ghyas Jan Aqa, et celui des forces régulières, un certain Abdul Qayyum Ibrahimi. Le premier accuse le second d'entretenir un vaste réseau de miliciens pour racketter la population et contrôler le marché de l'opium dans la région. « Ibrahimi a souvent menacé mes hommes pour protéger ses propres intérêts. Nous avons plusieurs fois arrêté des voitures remplies de drogue que nous avons dû laisser repartir sur ses ordres », s'agace Abdul Ghyas Jan Aqa. Abdul Qayyum Ibrahimi, de son côté, se défend mollement depuis son bureau sous bonne garde : « Qu'on m'apporte d'abord la preuve de ces délits ! » Il est vrai que l'homme est intouchable. À la tête de la police d'Imam Sahib depuis douze ans – un record de longévité en Afghanistan –, son frère n'est autre que le président du Parlement. Des milices à sa botte ? Évidemment, Ibrahimi nie tout en bloc : « J'ai personnellement démantelé tous les groupes armés non officiels de la région ! Vous n'avez qu'à aller voir par vous-mêmes ! » Dont acte.

À une demi-heure de Kunduz, les villageois de Tchahar Sadi vivent dans la peur permanente. Le *malek*, le chef traditionnel du village, assure que 42 personnes ont été tuées dans le district ces deux derniers mois : « Le gouvernement a appuyé des milices pour lutter contre les talibans et les a ensuite laissées dans la nature. Aujourd'hui, on compte plus d'une dizaine de groupes dans la région qui prélèvent le *ushr* (la dîme) par la force et n'hésitent pas à tuer tous ceux qui tentent de résister. » À Mohamed Ibrahim, un paysan, de témoigner. Il ne connaît pas son âge exactement, mais, du plus loin qu'il se souvienne, il a toujours cultivé la terre. Il y a quelques mois, il a été attaqué par cinq hommes qui se sont emparés de 820 kg de riz, une fortune pour ce vieil homme à bout de force : « Je suis allé voir le gouverneur, vous savez ce qu'il m'a dit ? Donne-leur ce qu'ils veulent, je ne peux rien faire ! » Massés autour du *malek,* les villageois sont désormais plusieurs dizaines qui ont décidé de parler : femmes enlevées et violées par des groupes armés, jeunes garçons réduits en esclavage sexuel par des commandants locaux, les témoignages sont accablants. Dans l'assistance, beaucoup sont nostalgiques de l'époque des talibans, de cette loi du talion où les voleurs avaient la main coupée et les violeurs étaient pendus haut et court. En attendant, les hommes de Tchahar Sadi ont commencé à s'armer pour protéger leurs champs et leurs familles...

Dans chaque village autour de Kunduz, c'est la même complainte et le même sentiment d'impuissance face à ces *arbakai* incontrôlables (« milices », en langue pachtoune), beaucoup plus nombreuses que les forces officielles qui ne comptabilisent pas plus de 3 000 hommes dans le district. Sous prétexte de lutter contre les talibans, ils règnent en seigneurs féodaux sur des royaumes sacrifiés. La population y vit sous le joug de la terreur, du racket et des vendettas tribales, prise en étau entre des groupes armés au-dessus de la loi, une police nationale inefficace sinon corrompue, et des talibans aux abois.

Les habitants de la province sont en fait sommés de choisir entre les moins mauvais de ces supplétifs : « entre le guépard et le ravin », comme disent les Afghans.

Vient s'ajouter, qui plus est, une vieille rivalité ethnique particulièrement vivace dans cette région mixte de l'Afghanistan. Les Pachtouns se sentent opprimés par les autorités locales, recrutées principalement parmi les Tadjiks et les Ouzbeks. Ils se disent laissés pour compte et condamnés d'avance parce qu'ils appartiennent au même groupe ethnique que celui des talibans. C'est le cas des habitants de Kanam. En septembre dernier, une bande d'une vingtaine de miliciens y menait une opération de représailles destinée à venger un de leurs membres, tué par les talibans. Bilan : 12 morts. Nour Mohamad, rescapé de Kanam, a perdu deux frères durant l'opération de vendetta. Il témoigne : « Les assaillants sont tranquillement repartis. Nous avons été voir la police, le gouverneur, des élus du Parlement, ils nous ont renvoyés d'un bureau à un autre pour finalement nous dire que c'était notre faute et que notre village servait de refuge aux talibans, uniquement parce que nous sommes pachtouns. » Pour les habitants de Kanam, le groupe d'*arbakai* qui a fondu sur leur hameau serait dirigé par un certain Mir Alam, vivant à Kunduz. L'homme, aux airs de gentil grand-père, a longtemps dirigé une puissante armée privée, officiellement désarmée en 2005. Mais en réalité, beaucoup de ses

hommes continuent de sévir au sein de groupes armés illégaux.
Les contrôlerait-il toujours ? La main sur le cœur, Mir Alam nous jure qu'il ne quitte jamais sa jolie maison… vraiment jolie, pour un chef de police à la retraite. Qui reste, d'ailleurs, un interlocuteur privilégié des forces spéciales américaines à Kunduz…

« Chaque province est un petit Afghanistan autonome, avec ses chefs et ses lois », nous confie notre informateur au sein des services secrets afghans : « La faute des étrangers a été de ne pas le comprendre et de chercher à importer, par tous les moyens, un modèle qui n'est pas dans notre culture. » Le colonel René Cagnat[1], chercheur associé à l'Institut de relations internationales et stratégiques, partage ce sentiment d'une erreur stratégique et pronostique une addition très salée : « Tous les éléments convergent vers une chute du gouvernement de Karzai. Les forces officielles sont désunies et ne tiennent que grâce aux salaires que les Occidentaux financent. Très vite, l'argent va manquer et les talibans vont s'engouffrer dans la brèche. »
À quelques mois du retrait des troupes étrangères, difficile, en effet, de ne pas jouer les Cassandre. Dans le Nord, la situation est explosive et pourrait conduire à un mauvais *remake* des années 1990 : un régime affaibli, dont l'autorité s'arrête aux portes de Kaboul, une constellation de seigneurs de guerre, et une population écœurée, prête à accueillir les talibans en sauveurs.

« Quand la caravane change de sens, l'âne boiteux se retrouve en tête », disent les Afghans. Au cours de son histoire chaotique, la caravane afghane a maintes fois viré de bord, faisant et défaisant des rois au gré d'alliances de circonstance. Le retrait des troupes de l'Otan pourrait bien provoquer un nouveau virage à 180 degrés. Avec, dans le rôle de l'âne boiteux qui fait la course en tête, la cohorte de chefs de guerre bien décidés à ne pas rater le coche. De leur côté, les talibans, eux aussi, attendent qu'encore une fois, la caravane change de sens…

1. René Cagnat, *Du Djihad aux larmes d'Allah. Afghanistan, les sept piliers de la bêtise*, Monaco, Éditions du Rocher, 2012.

Afghanistan. Ces chefs de guerre qui font la loi

GEO, N° 410, AVRIL 2013

#BringBac

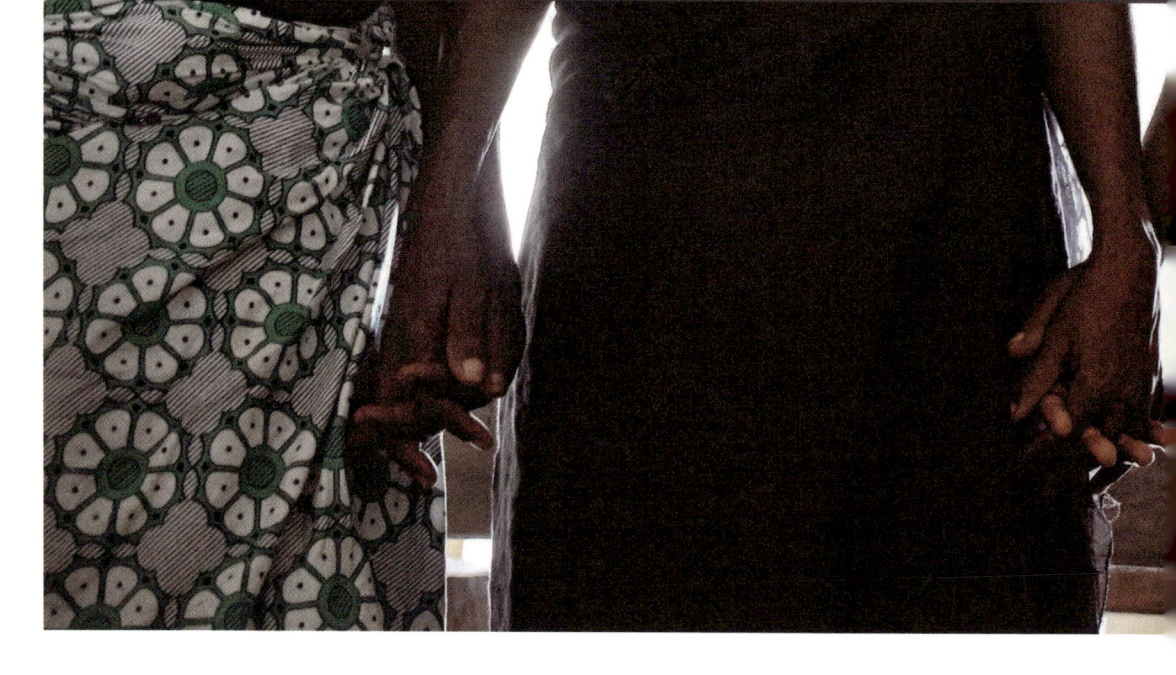

kOurGirls

CHIFFRES CLÉS :
- population âgée de moins de 25 ans : 62,5 %
- taux d'alphabétisation des hommes : 72,1 %
- taux d'alphabétisation des femmes : 50,4 %

NOTRE ALLIÉE :
- la directrice du lycée attaqué.

NOS ADVERSAIRES :
- les militaires,
- la police,
- Boko Haram et ses affidés.

NOTRE BUDGET :
- plombé par l'essence et la location de voiture avec chauffeur de confiance. Plus de la moitié des 5 000 euros de frais alloués,
- restent 2 000 euros pour se loger, se nourrir, boire (heureusement, le bourgogne est rare dans la région), téléphoner, etc.

INDISPENSABLES :
- aspirine contre le mal de tête lié aux grosses chaleurs,
- crème solaire,
- antimoustique spécial tropiques,
- et tenues *muslim compliant* pour le Nord.

NIGERIA
DESTINATION :
> Chibok, à plus de 700 kilomètres d'Abuja.
REPORTAGE :
> enquêter sur l'enlèvement de 273 lycéennes par Boko Haram.

Nous devons faire vite pour surfer sur le hashtag #BringBackOurGirls.

14 avril 2014 : le monde entier découvre avec horreur le kidnapping de 273 lycéennes nigérianes par la secte islamiste Boko Haram. Jusqu'à présent, hormis la sphère pétrolière et les évangélistes, le pays ne passionnait ni les foules, ni les médias. Trop loin, trop « Afrique »… Bref, pas « concernant », comme on dit dans le jargon journalistique pour éclipser un sujet. Jusqu'à ce que l'obscur village de brousse de Chibok et ses gamines martyres ne fassent soudain les gros titres. Avant d'être à leur tour balayés par une nouvelle actu… Nous le savons, nous n'avons que quelques jours pour tenter de montrer une réalité qui dépasse la pancarte brandie par les people du monde entier.

> De retour à Abuja, les médias locaux nous interviewent. Eux ne se sont pas rendus à Chibok.

Magie de l'actu chaude : la rédaction de *Marie Claire* nous donne le feu vert au départ en quelques heures, quand il nous faut habituellement patienter plusieurs jours pour avoir une commande ferme. Le magazine mobilise en un temps record ses éditions internationales pour financer un reportage qui s'annonce à la fois coûteux et dangereux. Les deux vont souvent de pair. Travailler à l'économie, c'est rogner sur la sécurité. En vieillissant, on est devenues plus regardantes. Moins kamikazes, diraient certains... Moi, je dirais tout simplement écartelées entre l'adrénaline que procure ce genre de sujet, et le poids de nos nouvelles responsabilités de mères de famille. Compliqué de passer, sans état d'âme, des couches aux balles. Le chemin inverse n'est guère plus simple, quand, à peine débarquées de l'avion, on doit se replonger dans la valse des biberons. L'arbitrage est souvent douloureux entre, d'un côté, l'envie irrépressible d'en être, de raconter l'histoire en train de s'écrire, et de l'autre, trois mignonnes têtes blondes qu'on n'envisage pas de ne pas voir grandir. Et qui n'ont surtout pas à faire les frais de notre passion suspecte pour les situations compliquées... Avec la maternité est aussi venue la conscience du danger. Comme si donner la vie rendait brusquement mortel. Alors y aller, oui, mais plus question de partir la fleur au fusil.

Un visa pour le sport

D'autant que le nord du Nigeria est une zone de guerre qui ne dit pas son nom. À placer, sur le curseur des ennuis potentiels, un cran en dessous du grand n'importe quoi somalien, mais clairement au-dessus de conflits organisés autour d'une ligne de front nette, comme au Kurdistan irakien, par exemple. Aux attentats aveugles, attaques surprises et enlèvements en rafales s'ajoute le risque de tomber de Charybde en Scylla. Avec, dans le rôle des deux monstres, les tarés de Boko Haram d'un côté, et les gros bras de l'armée nigériane de l'autre – pas franchement *journalist friendly* car désireux de garder le conflit à huis clos. Ce qui motive d'ailleurs le refus quasi systématique de l'ambassade nigériane de délivrer des visas aux journalistes. Même (et surtout ?) à madame Trierweiler, dont le reportage s'est arrêté à l'esplanade du Trocadéro. Pour éviter ce genre de déconvenues, nous nous présentons aux autorités consulaires à Paris sous les traits improbables de joueuses de polo désireuses de participer à un tournoi à Port Harcourt – invitation trafiquée à l'appui. Plus c'est gros, mieux ça marche.

À Chibok, nous dormons chez l'habitant. Très chaud et rudimentaire.

Pour parfaire l'innocent tableau, nous nous pointons à l'ambassade avec une souriante petite fille sous le bras (celle de Véro, je précise, on n'a encore volé aucun enfant pour un visa). Mine interloquée du gros fonctionnaire nigérian qui se gondole derrière son guichet : « *So you two, you ride horses ? Ah, ah !* » Oui, Monsieur, au moins aussi bien que Charlotte Casiraghi. Léger flottement qui semble une éternité. Puis nouvel éclat de rire, et le doux bruit du tampon qui frappe nos passeports. Y a plus qu'à…

En route vers le chaos

En guise de polo, c'est plutôt du saut d'obstacles qui nous attend. Plus aucun vol intérieur ne rallie l'État du Borno, où se trouve Chibok, à plus de 700 kilomètres de la capitale Abuja. Ce qui signifie deux jours de trajet en voiture, à avaler les kilomètres en s'arrêtant le moins possible pour éviter de se faire repérer par les militaires et expulser du pays. Juste quelques stops pipi incontournables car, après quelques tentatives infructueuses et dommageables pour l'entourage immédiat, nous avons dû renoncer à la technique de la bouteille sur les routes cahoteuses… À chaque *checkpoint*, de plus en plus nombreux à mesure que nous approchons du Borno placé en état d'urgence, nous tremblons à l'idée qu'un soldat zélé ne nous arrête pour nous interroger sur les motifs de notre voyage. La chaleur écrasante et la corruption généralisée sont nos meilleures alliées : les rares bidasses qui se traînent jusqu'à notre voiture se contentent de nous extorquer des clopes ou de l'eau minérale (qui, précisons-le dans un souci sanitaire, ne provient pas de la bouteille susmentionnée). Le long de la route, nous croisons des villages entièrement brûlés. Bref aperçu de la barbarie ambiante qui, avec la fatigue et la tension accumulées, me donnerait presque envie de rebrousser chemin. J'avoue, je ne suis pas téméraire de nature. Dans ce genre de reportage, je consacre beaucoup d'énergie à faire taire la chochotte qui est en moi. Contrairement à ma camarade de jeux qui, elle, n'a qu'une peur : passer à côté d'une photo. La combinaison de mes appréhensions et de son côté tête brûlée nous a, jusqu'à présent, plutôt réussi.

Tout près du but

Enfin parvenues à Maiduguri, base arrière pour préparer l'expédition jusqu'à Chibok, nous craignons encore une longue attente dans un hôtel glauque et cher. Des confrères y grenouillent depuis plusieurs jours, car la route, en plus d'être régulièrement attaquée par Boko Haram, est fermée aux journalistes. La salle de resto ressemble à un QG militaire. Avec nos compagnons de galère, nous étudions les cartes pour trouver un chemin de traverse qui évite les *checkpoints*, mais qui, du coup, longe inévitablement la forêt de Sambisa, où se terre Boko Haram. Nous

> Nous sommes assaillies par une foule de mères, entre colère et douleur.

mutualisons nos carnets d'adresses pour trouver le contact qui nous permettrait de passer entre les mailles du filet. L'équipe de télévision allemande, qui s'est adjoint les services d'un spécialiste sud-africain de la sécurité, renonce rapidement, effrayée par les statistiques fantaisistes dudit expert qui estime à moins de 5 % les chances de survie. Mouais. Finalement, notre salut vient de la directrice du lycée attaqué, que nous avions contactée avant le départ, et qui nous annonce qu'elle doit se rendre le jour même à Chibok pour préparer la visite d'une délégation officielle venue d'Abuja. À peine le temps de réfléchir, de jeter culottes, lampes de poche et brosses à dents dans un sac en plastique, que nous sommes embarquées dans le convoi placé sous protection militaire.

Guet-apens

Nous roulons à tombeau ouvert sur une route déserte, au bruit des rafales supposées dissuasives tirées par notre escorte. Loin de nous l'idée de nous prétendre expertes en stratégie militaire, mais quand même, nous trouvons le procédé curieux. Car à part attirer l'attention et trahir une certaine nervosité, en quoi ces tirs à l'aveugle nous protègent-ils ? Avec les soldats nigérians, nous avons décidément une vision divergente de la sécurité. Car au moment de quitter la route goudronnée pour prendre la piste qui mène à Chibok – la partie la plus dangereuse du périple –, l'escorte se volatilise. Il fait nuit noire, et il reste encore plus d'une heure de trajet à effectuer. Le chemin boueux qu'on distingue à peine est crevassé de nids-de-poule, qui, vu leur taille, tiennent plus de l'autruche. Nous nous retrouvons sous la seule protection des « vigilants », des habitants de Chibok venus à notre rencontre, armés de vieux fusils et d'amulettes. Plus que la peur, c'est la colère qui nous tord le bide.

On se sent piégées, et on s'en veut de s'être foutues dans cette galère. La fin du voyage ressemble à une aventure des *Pieds nickelés* version savane africaine : au premier virage, la voiture de nos vigilants s'embourbe, celle du préfet crève quelques mètres plus loin, et enfin la nôtre avance de longues minutes avec de l'eau jusqu'aux fenêtres. En tout, nous restons immobilisés près d'une heure sur le bord de la route, à moins d'un kilomètre de la fameuse forêt. On mériterait de se retrouver dans un manuel de journalisme, rubrique « erreurs de bleus à ne pas commettre ». Arrivées à Chibok, nous passons une nuit sans sommeil dans la famille de la directrice, à l'affût du moindre bruit. Deux jours plus tôt, Boko Haram a encore frappé à quelques kilomètres de là.

Au propre comme au figuré, nous essayons de prendre un peu de distance avec le chagrin des mères pour mieux le retranscrire.

Touchées

Le soleil à peine levé, nous nous précipitons pour rencontrer les familles des jeunes filles kidnappées. Nous ne disposons que de quelques heures avant de repartir avec le convoi à Maiduguri. Trois jours de périple et une grosse prise de risque pour se retrouver à travailler dans l'urgence, c'est assez frustrant. Pour des raisons de sécurité, nous n'avons pas le choix. Mais je n'aime pas quand la logistique bouffe le sujet. Nous devons assaillir de questions des parents dévastés sans pouvoir prendre le temps de faire connaissance. On se retrouve à enchaîner photos et interviews quand on aimerait se poser, observer, réconforter. C'est la limite de la méthode *touch and go* parfois décriée par la profession : on vient, on voit, et on repart aussi sec. Elle oblige à vite s'acquitter de questions qui sonnent creux et de photos attendues pour faire émerger une problématique qui tienne à peu près la route. Et puis, il faut encore trouver les bons mots pour restituer le plus fidèlement possible ce chagrin qu'on n'a fait qu'effleurer. Je suis souvent paralysée au moment d'écrire. Trop plat, trop convenu, trop froid. Dans l'impasse, j'ai la tentation récurrente de lire ce qu'ont écrit les confrères, voir comment ils s'en sont tirés avec ces blessures indicibles. Mais dans le cas précis de Chibok, aucun danger de se faire bouffer par les mots des autres. Hormis une équipe de *Libération*, nous sommes les seules à nous être rendues sur place. Rançon de la gloire : à notre arrivée à Abuja, nous sommes interviewées par les chaînes de télé nigérianes, qui, elles, couvrent l'événement depuis la capitale ! Au moins, dans *touch and go*, il y a *go*...

M.

Éjectées par l'armée de l'enceinte de l'école, nous tentons de forcer le passage, entourées du gouverneur et de sa suite.

Pour les rescapées, c'est le jour du bac. Nous partageons avec elles ce rare moment de légèreté…

Photographier des disparues

AVANT DE PARTIR

> Je commence à réfléchir à mon déroulé visuel idéal. J'appelle ça ma « liste au Père Noël ». Comme si je pouvais choisir les photos que je vais prendre.

> Première difficulté : le Nigeria. Pour avoir déjà travaillé dans ce pays, je sais qu'il n'est pas facile de se déplacer. Nous partons avec un visa de touriste. Mais dans le Nord, il n'y a pas de touristes. Je devrai me cacher pour prendre des photos de la police et des militaires. Heureusement, le nord du pays est musulman, je pourrai dissimuler mes appareils sous mon hidjab.

> Deuxième difficulté : photographier des disparues. Pour les faire exister, il faut rencontrer leurs proches, à condition de réussir à passer les barrages militaires pour nous rendre à Chibok, dans le village des familles.

> Autre option ? Je n'en vois pas.
Il faut absolument qu'on se débrouille pour se rendre à Chibok coûte que coûte. Sinon, je suis foutue. OK. Nous y arriverons. Admettons. Et puis ? Il faut des photos qui donnent des informations, notamment de l'endroit où nous serons. Et de l'émotion.

ALORS ?

1. Je photographie des objets ayant appartenu aux kidnappées : un cartable, un cahier, un uniforme ? Manque d'émotion.
2. Je photographie les mères des kidnappées ? Manque de dynamisme, manque d'information.

Finalement, je n'ai aucune idée de ce que je vais faire mais je sais qu'il faudra une répétition pour donner de la force au reportage.

SUR PLACE

> Ouf, nous sommes à Chibok. Nous n'aurons que peu de temps. Il va falloir travailler vite. La lumière est violente. Horrible.
Je trépigne d'impatience mais le temps que les mères arrivent sur place, il est presque midi. Traduction : soleil au zénith, des ombres sous les yeux, le nez, une lumière blanche affreuse. Solution : faire des photos en intérieur.

> En fait, je mélange 1 + 2. Les mères éplorées (émotion) dans la chambre de leur fille (information + intérieur) avec des objets qui leur tenaient à cœur. J'ai aussi pu faire une photo de groupe de ces mamans qui marchent, dignes. Les scarifications de leur tribu donnent à leurs visages une tristesse infinie qui efface la lumière blafarde.
Et le cadeau pour moi, photographe, c'est l'image de ces mères, toutes de confessions différentes, qui se tiennent la main à l'église dans une prière désespérée pour sauver leurs filles.

V.

Moda, kidnappée le 14 avril 2014.

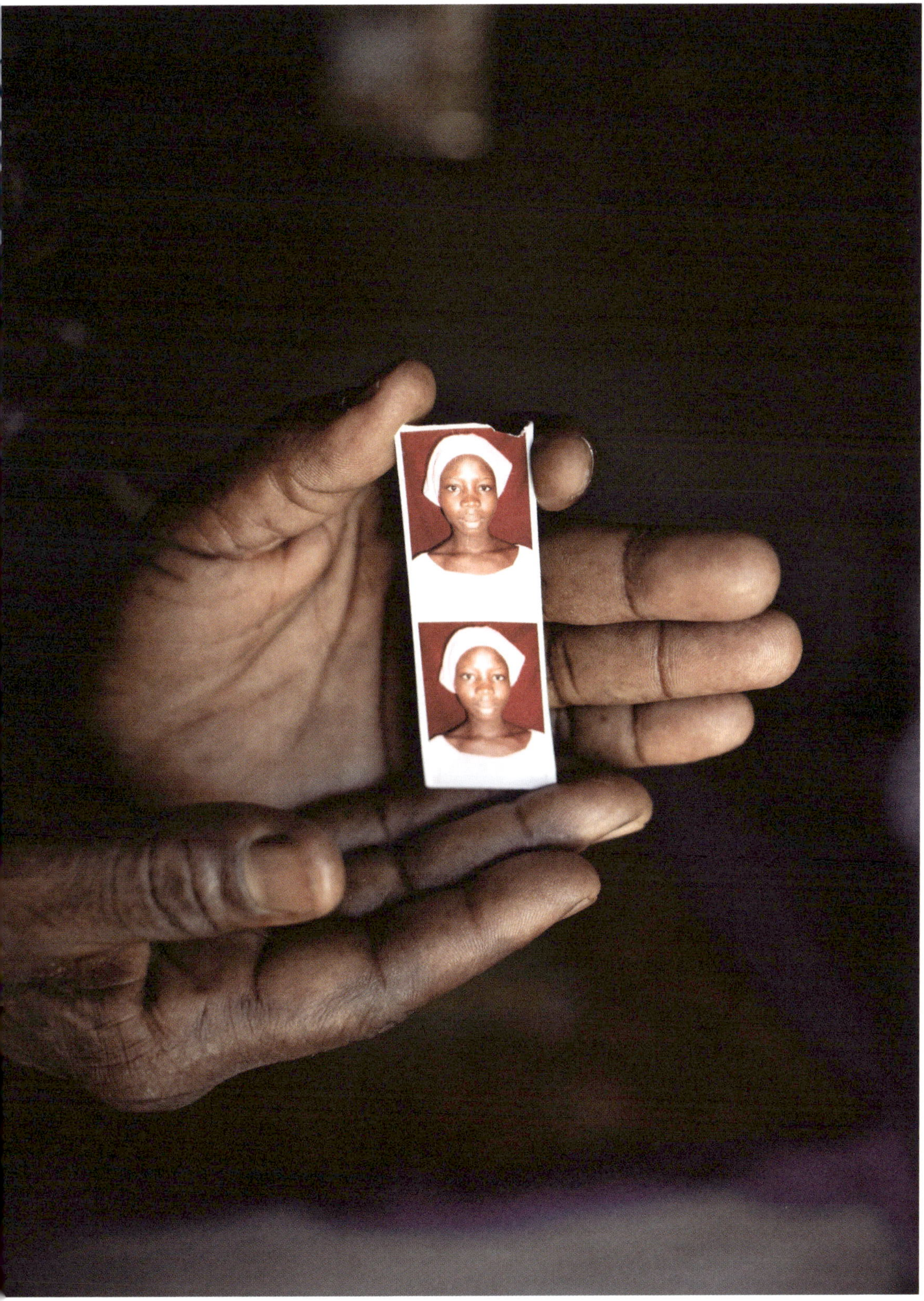

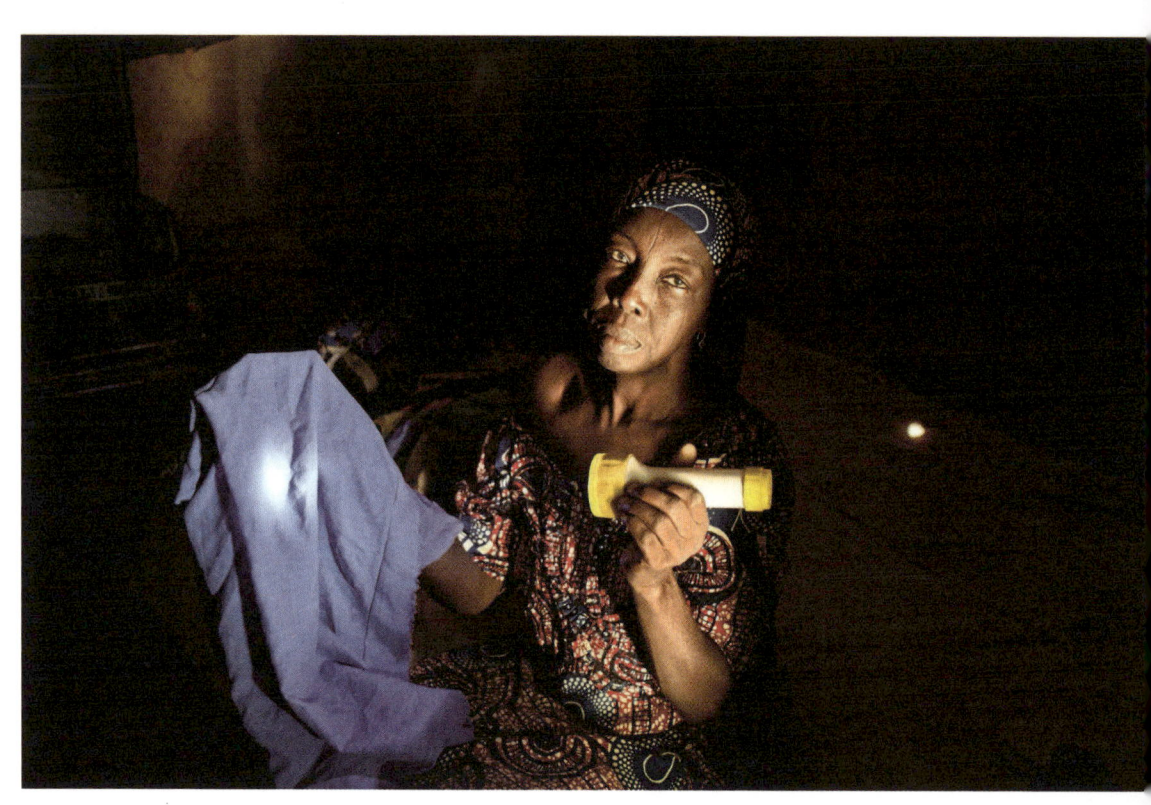

Salome et sa fille Margaret.

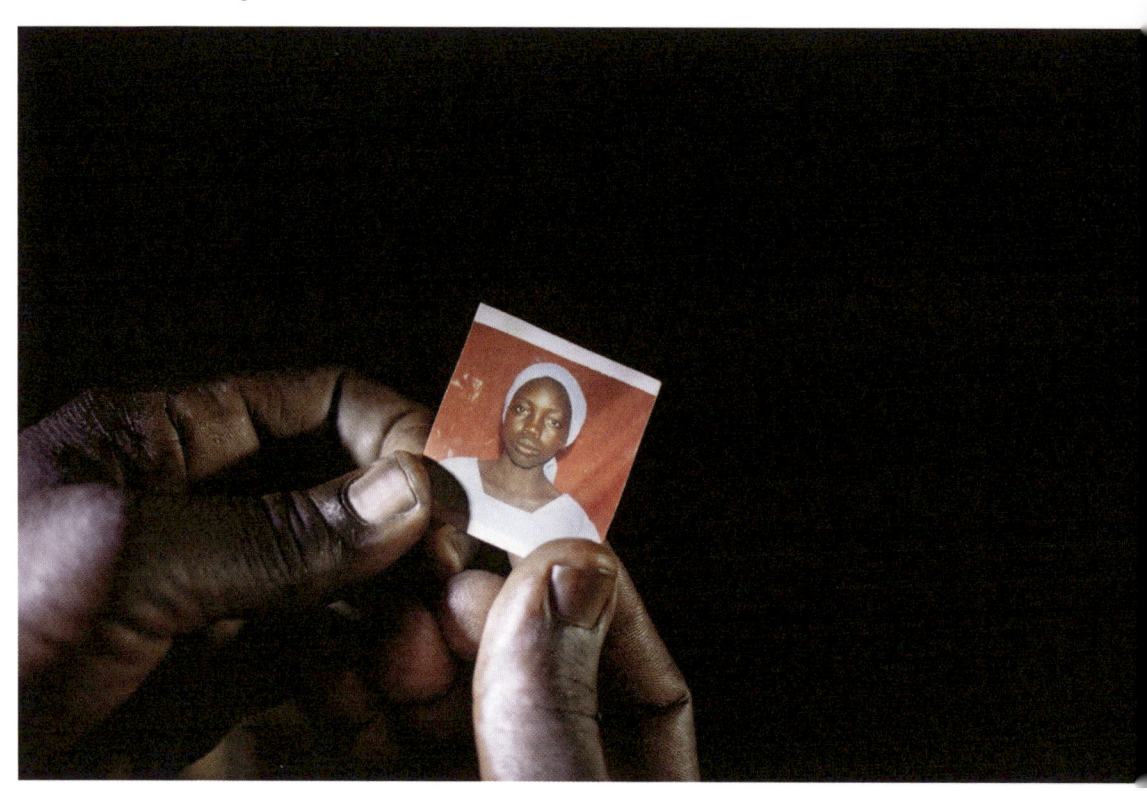

Kolo et Martha devant la chambre de Naomi.

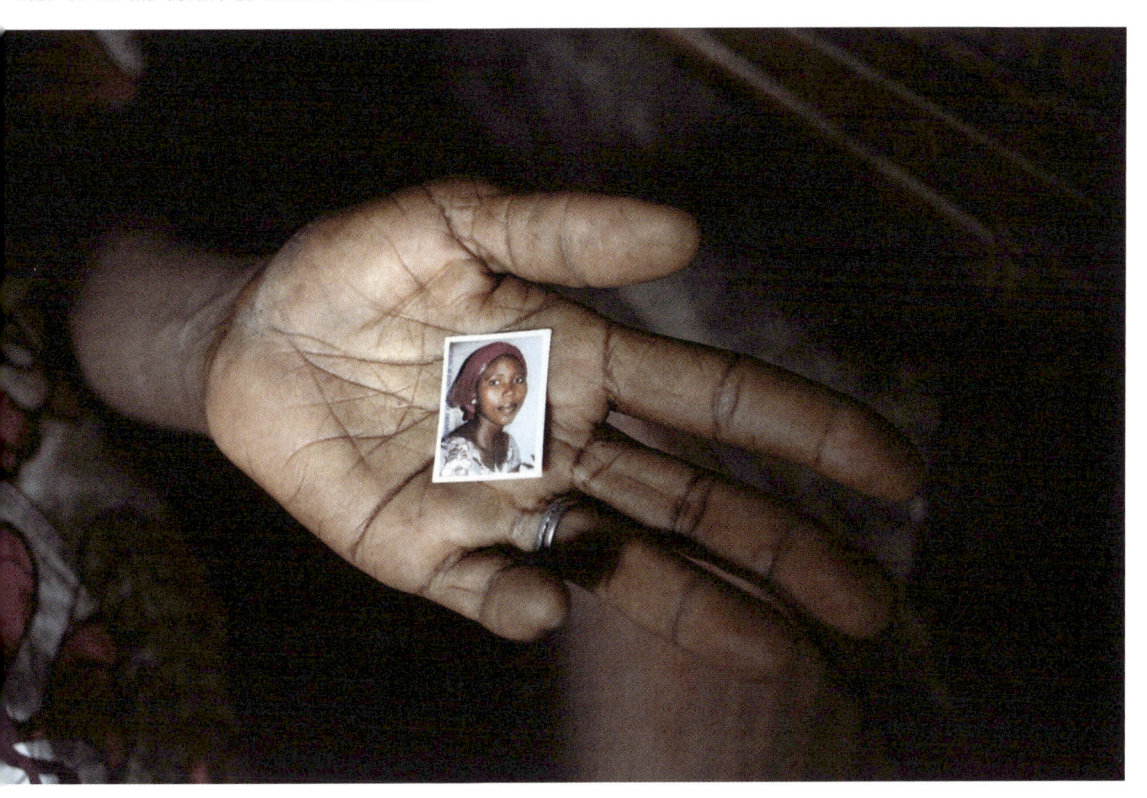

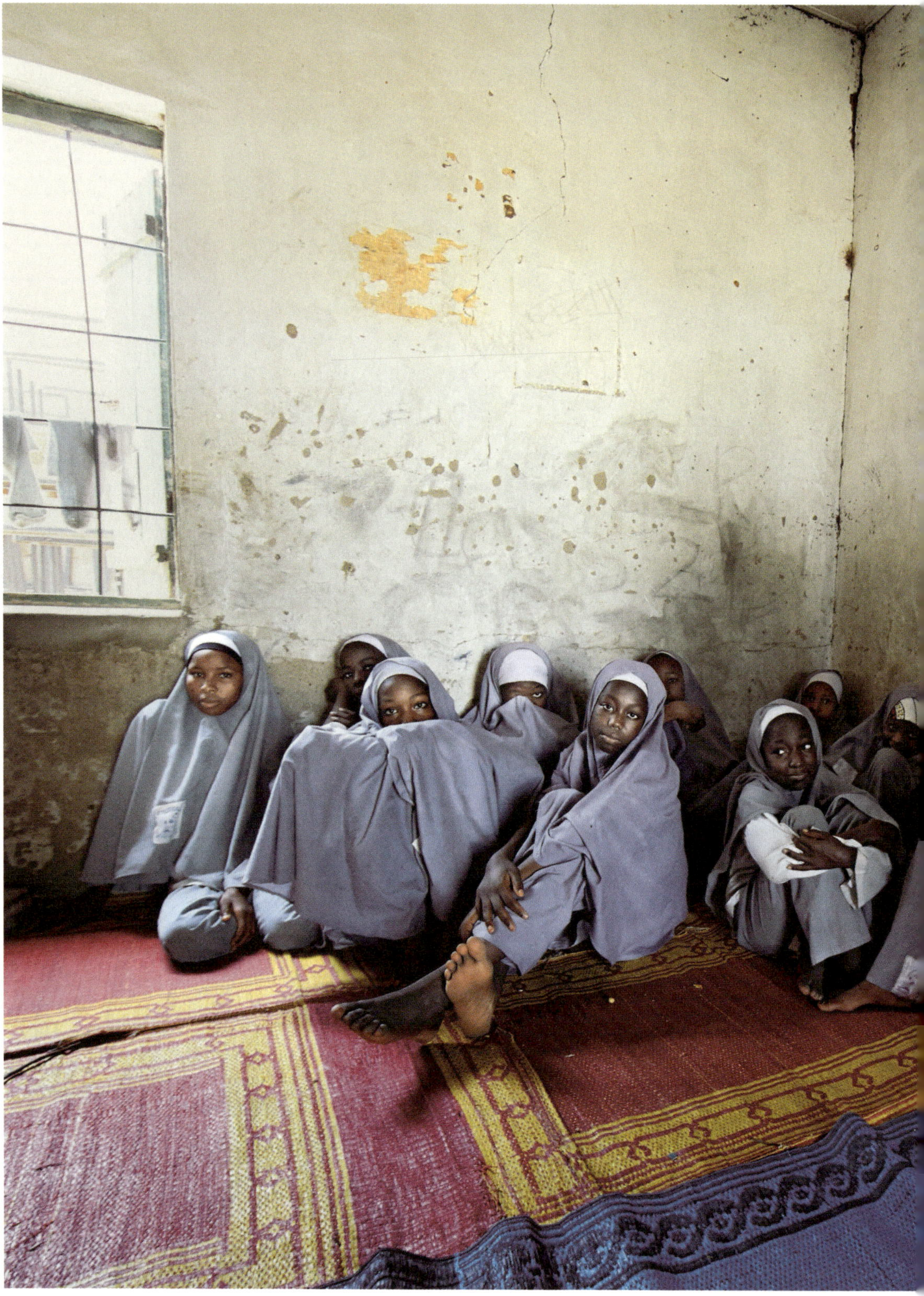

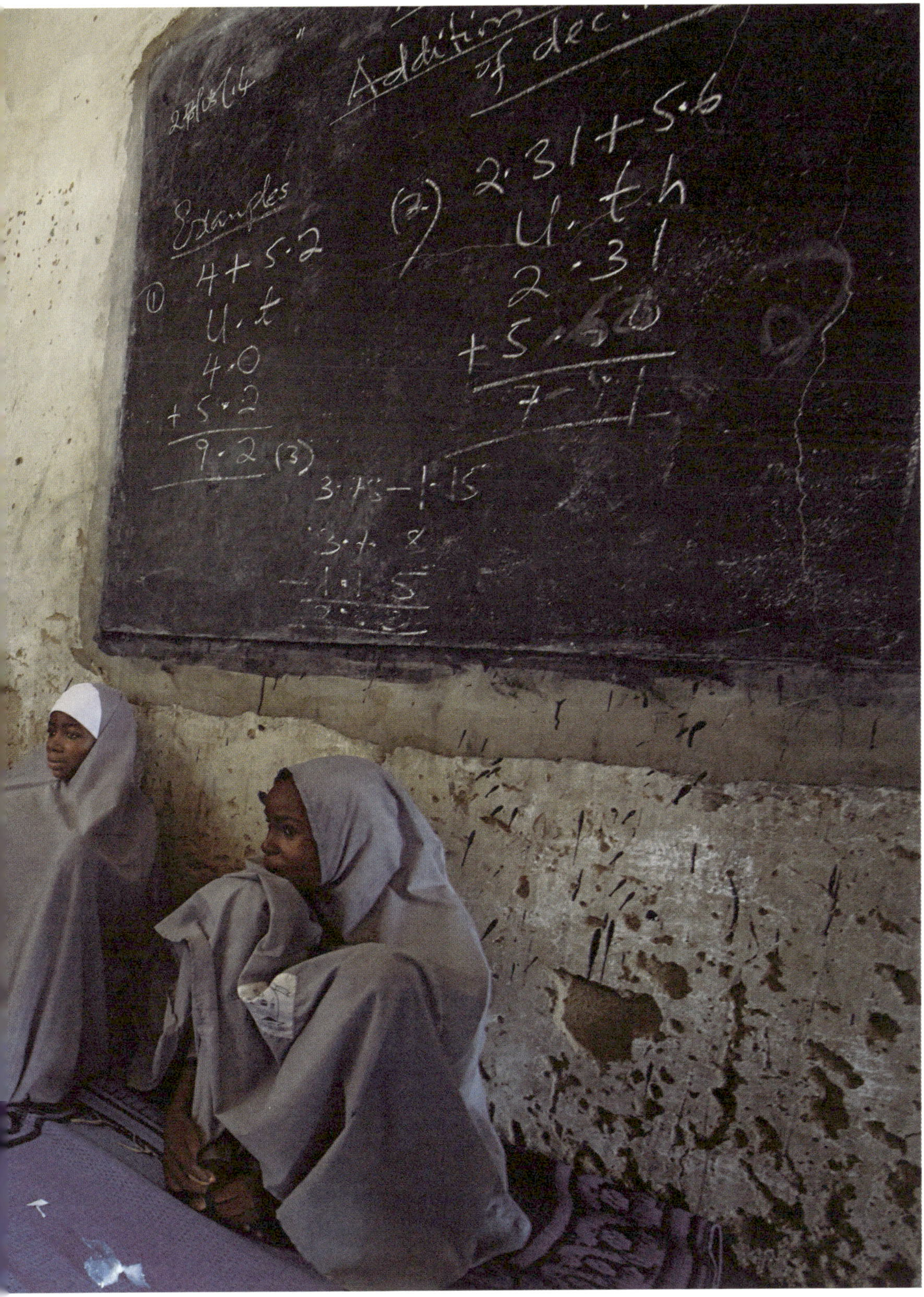
Examples
(1) 4+5.2
U.t
4.0
+5.2
9.2
(2) 2.31+5.6
U.t.h
2.31
(3) 3.75−1.15

À Maiduguri, les enfants jouent dans la rue mais la situation est tendue.

S'IL N'EN RESTAIT QU'UNE...

Depuis que j'ai rencontré Benoît, le père de mes deux filles, photographe de nature morte,
j'apprécie de plus en plus les photos d'objets. Avec finesse, elles savent raconter beaucoup de choses.
Ce tableau noir, abandonné dans une salle de classe dévastée, en dit long.
Cette image n'a pas été publiée. Trop subtile ? Dommage. **V.**

Gone Girls
The kidnapping of nearly 300 schoolgirls in northeastern Nigeria this spring brought to light the plight of the people living in the shadows of the fearsome Boko Haram terrorist group. Marie Claire traveled to Chibok to see how the mothers of the missing—and the girls lucky enough to escape—are coping in the midst of crisis
By Manon Querouil
Photographs by

EXCLUSIVE
BEHIND THE HASHTAG
#BRINGBACK OURGIRLS
When more than 270 schoolgirls were kidnapped from their Nigerian boarding school in April, inept local authorities soon discovered the power of social media and the determination of desperate parents. Manon Quérouil reports from the girls' village of Chibok

marie claire
MÉG ÁLMUKBAN IS IMÁDKOZNAK
SEGÍTSÉGRE VÁRNAK AZ ELRABOLT LÁNYOK SZÜLEI

ARTICLE PUBLIÉ DANS *MARIE CLAIRE*, N° 742, JUILLET 2014

Pourquoi Boko Haram kidnappe nos filles

Quatorze éditions qui publient un même reportage, ce sont quatorze façons différentes de le raconter en images. Quand le Mexique choisit d'ouvrir sur une photo forte des mères de Chibok, unies et debout malgré tout, l'Australie fait l'audacieux pari d'entrechoquer le visage crispé de douleur de ces mêmes mères avec les portraits de people retranchés derrière la fameuse pancarte « *Bring Back Our Girls* ». Mention spéciale à l'édition américaine, qui prend le parti d'une double page d'ouverture colorée et pleine de vie : ou comment raconter une tragédie sans trop plomber son lectorat au début de l'été...

Sur les visages inquiets, la sueur se mêle aux larmes. Le soleil tape fort sur l'assemblée massée autour du préfet de Chibok, petite localité au nord-est du Nigeria. C'est ici, dans ce bourg de taule et de terre rouge, que 273 jeunes filles ont été kidnappées le 14 avril dernier par la secte fondamentaliste Boko Haram. Peu avant minuit, des hommes en uniforme font irruption dans le lycée et séquestrent les internes de dernière année, restées pendant les vacances scolaires pour réviser leurs examens. « Ma fille Saratou a réussi à nous téléphoner pendant l'attaque. Elle nous a dit qu'elle et les autres filles étaient à bord d'un véhicule qui roulait vers la forêt. Elle était terrifiée, elle nous a demandé de prier pour elle », raconte la frêle Anetou, voix et corps vacillants.

Saratou et ses camarades devaient passer dans quelques jours leur diplôme de fin d'année, l'équivalent du baccalauréat. Dans cette région pauvre du Nigeria, où les deux tiers des filles de leur âge sont analphabètes, c'était un sacré pied-de-nez à un destin tout tracé. Depuis le drame, le doute s'est emparé d'Anetou : et si elle avait eu tort de rêver mieux pour sa fille ? « J'ai trimé toute ma vie aux champs pour qu'elle n'y aille pas. Je voulais lui offrir un avenir, et aujourd'hui, elle n'est plus là. » Fracassées de chagrin, les mères de Chibok ressassent un mélange toxique de culpabilité et d'impuissance. À bout de force, une dizaine d'entre elles ont dû être hospitalisées. Saraya confie qu'elle supplie Dieu même en dormant, et qu'elle jeûne pour que sa voix « monte plus vite au ciel ». Yana montre une grosse valise où elle a soigneusement rangé les affaires de sa fille. Elle dit qu'elle évite de l'ouvrir pour ne pas s'écrouler. Kolo a un rituel : elle frotte son visage contre l'uniforme de sa fille et le froissement du tissu, comme un coquillage magique, lui parle de la vie d'avant, quand Naomi rentrait pendant les vacances scolaires et qu'elles se réveillaient au petit jour pour prier ensemble.

Depuis la nuit du rapt, les familles des disparues vivent en suspens. Et voilà que le préfet, cet homme important et bien habillé, brave la mauvaise piste pour leur annoncer l'arrivée imminente – plus d'un mois et demi après l'attaque – d'un comité dépêché d'Abuja, la capitale. Sa venue a été plusieurs fois annulée pour raisons de sécurité. Les officiels rechignent à s'aventurer dans cette région volatile placée en état d'urgence, où Boko Haram multiplie les attaques ces derniers mois. Plus de 2 000 civils tués depuis le début de l'année, des dizaines de villages réduits en cendre, des milliers de déplacés. Malgré le budget colossal alloué à la Défense, le nord du pays plonge dans le chaos. Au point que beaucoup dans la région se demandent à qui profite cette stratégie de tension : « Les soldats déployés dans les zones en état d'urgence touchent un plus gros salaire, sans parler de leurs chefs. Pourquoi iraient-ils risquer leur vie dans le bush pour mettre fin à la situation ? » interroge Asabé Kwabula, la principale du lycée de Chibok. Curieusement, alors que la longue route qui file vers le Nord est truffée de barrages et de militaires sérieusement armés, aucune force de sécurité n'est présente dans la localité. La forêt de Sambisa, base arrière de Boko Haram où les lycéennes pourraient vraisemblablement être retenues prisonnières, n'est pourtant qu'à quelques kilomètres de là. À Chibok, les habitants assurent eux-mêmes leur protection avec des arcs, des bâtons et de vieux fusils. Sans aucune formation militaire préalable, mais bardés d'amulettes qui les rendent insensibles aux balles... Si l'ampleur du kidnapping a marqué les esprits et mobilisé les consciences, les conditions de sécurité dans la région sont depuis longtemps problématiques, en particulier pour les jeunes filles. « Nous documentons des cas d'enlèvements depuis plus d'un an dans le nord-est du pays », rapporte Maosi Segun, de l'organisation Human Rights Watch. « Même si les parents portent rarement plainte par peur d'être déshonorés, nous savons que les rares

jeunes filles qui parviennent à s'enfuir ou qui ont été libérées par l'armée reviennent enceintes ou avec un enfant sous le bras. »

La chercheuse apporte un éclairage méconnu sur les dessous du conflit entre le gouvernement nigérian et la secte fondamentaliste, dans lequel les femmes servent de monnaie d'échange : « Tout a commencé en mai dernier, quand les épouses de hauts dirigeants de Boko Haram ont été capturées et jetées en prison avec leurs enfants, sans autre forme de procès. Pour se venger, Boko Haram a kidnappé les femmes d'officiers de police. Depuis, c'est un cycle attaques-représailles sans fin. » Ce n'est d'ailleurs pas sans raison que les négociations actuelles portent sur un échange entre les lycéennes et des prisonniers, au nombre desquels compterait l'une des épouses d'Abubakar Shekau, le leader de la secte. Depuis la diffusion d'une vidéo où il menace de marier les lycéennes à des combattants, la question du viol est dans toutes les têtes.

Mais le sujet est tabou à Chibok. « On ne parle pas de ça ici. C'est une question de dignité pour les filles et leurs familles », coupe Asabé Kwabula, la principale, qui se démène pour mettre sur pied une cellule d'accueil composée de médecins et de psychologues dans l'éventualité d'une libération. Optimiste par nécessité, cette mère de huit enfants ne s'autorise à envisager qu'un dénouement heureux. Même si elle sait que plus rien ne sera jamais comme avant. Car désormais, combien de parents prendront le risque d'envoyer à nouveau leurs filles à l'école ? La principale fait courir sa main le long de ses joues scarifiées, dubitative. Déjà, depuis l'attaque du lycée – le seul dans toute la localité –, les écoles primaires et secondaires ont toutes fermé. Au total, ce sont près de 15 000 élèves dont la scolarité se trouve compromise. Dans sa guerre contre l'éducation, Boko Haram a déjà remporté la première manche. Son nom, qui signifie littéralement « l'éducation occidentale est un péché » en langue haoussa, résume bien le programme de ce mouvement fondé en 2002 par un imam radical, Mohammed Yusuf. Après la fermeture de madrasas accusées de propager des idées extrémistes, ses membres ont brûlé en représailles plus de 800 établissements dans l'État du Borno où se trouve Chibok, et dans l'État voisin de Yobe d'où est originaire le leader de la secte. Fatima était la directrice d'un collège au centre de Maiduguri, la capitale du Borno. Confier son histoire est pour elle un supplice. Son visage tremble quand elle évoque ce jour de mai 2013 où des hommes armés ont fait irruption dans l'établissement et lui ont tiré deux balles dans le dos. Après quarante jours à l'hôpital, Fatima, toujours traumatisée, veut pourtant « continuer sa mission ». Mais son école, comme celle attaquée le même jour à quelques rues de là, où quatre professeurs ont été sauvagement abattus, ne rouvrira pas.

Le haut-commissaire à l'éducation du Borno a beau se montrer rassurant, jurant ses grands dieux que le district consacre l'essentiel de son budget à son secteur, la situation est catastrophique. D'après l'Unicef, le Nigeria compte le plus grand nombre d'enfants déscolarisés au monde : 10 millions, dont 60 % se concentrent dans le Nord. À Maiduguri, ville de 3 millions d'habitants, toutes les écoles publiques sont fermées depuis plusieurs mois, faute de sécurité. Les familles qui en ont les moyens envoient leurs enfants dans des établissements privés avec des gardes armés. Les autres se rabattent sur les nombreuses *tsangawa* de la ville, des écoles coraniques où l'on enseigne en priorité l'arabe et le Coran. Et où les filles portent un strict hidjab. Une autre victoire pour les combattants acharnés d'une éducation laïque...

Le kidnapping de Chibok a levé le voile sur l'épouvantable situation dans le nord du pays. Les pouvoirs publics ont délaissé la sécurité, l'approvisionnement en eau et en électricité, l'accès à la santé et à l'éducation. Tout un pan de la réalité nigériane, très différente de la *success-story* officielle de ce pays devenu la première économie du continent africain. Les élites de la capitale se sont emparées de l'affaire et sonnent la charge contre l'administration du président Goodluck Jonathan, accusée de ne rien faire pour sauver les lycéennes et de chercher par tous les moyens à casser le mouvement Bring Back Our Girls, largement relayé sur les réseaux sociaux et la scène internationale. Coupé du monde, Chibok en est subitement devenu le centre. Ses habitants n'ont pas la télévision, mais ils ont entendu parler de la surprenante mobilisation pour libérer leurs filles. Ils disent merci, mais alors pourquoi, si tous ces gens importants s'en mêlent, sont-ils toujours sans aucune nouvelle ?

Après des heures d'attente, l'hélicoptère des émissaires d'Abuja se pose enfin au milieu de l'école détruite. La rotation des pales couvre la clameur qui monte de la foule rassemblée dans la cour. Quarante minutes plus tard, l'hélicoptère repart

Pourquoi Boko Haram kidnappe nos filles

MARIE CLAIRE, N° 742, JUILLET 2014

sous un ciel noir. Des trombes d'eau s'abattent sur les familles. « Ils ont juré de nous rendre nos filles. Des promesses, mais pas d'échéance », lâche un père en pressant le pas pour se mettre à l'abri. Le quatre-quatre du préfet repart en trombe vers Maiduguri, avec à son bord trois silhouettes qui se serrent à l'arrière. Dina, Kumé et Awa font partie de la cinquantaine des lycéennes qui ont réussi à échapper aux ravisseurs le soir de l'attaque. Kumé est la première à avoir sauté du camion qui les entraînait vers le bush. Elle dit que ce n'est pas du courage, mais un calcul froid : « Je préférais mourir plutôt que me retrouver entre leurs mains. » Au cours du trajet, d'autres ont sauté et marché toute la nuit pour retrouver leur village. Aujourd'hui, les rescapées de Chibok sont réunies dans une école sous bonne garde, à Maiduguri, pour passer leur examen. Elles parlent d'avenir, veulent devenir avocates, médecins ou soldates. Mais elles savent déjà que le soir des résultats, elles n'auront pas le cœur à la fête. Dans la forêt, leurs camarades ne seront jamais diplômées.

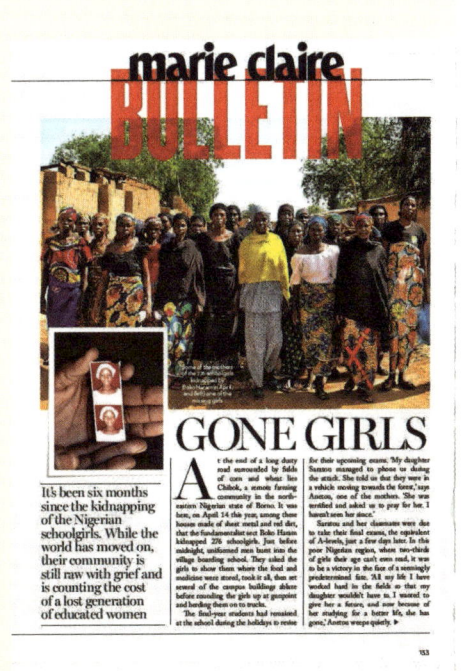

Amazones

kurdes

LA GUERRE EN CHIFFRES APPROXIMATIFS :
> plus de 5 millions de Kurdes dans la partie irakienne, selon le gouvernement régional,
> des milliers de femmes combattantes opposées aux islamistes,
> et des centaines de femmes yézidies vendues comme esclaves sexuelles par les troupes de Daech. Tous les chiffres sont compliqués à obtenir dans cette région du monde.

NOS ALLIÉS :
> la *kurd connexion* à Paris et la mystérieuse B. qui, depuis Paris, est capable, sur un coup de fil, de faire ouvrir les portes d'un camp d'entraînement du parti des travailleurs du Kurdistan (PKK) !
> et, allez, notre chauffeur-fixeur, plein de bonne volonté, mais qui mériterait quelques cours d'anglais.

NOS ADVERSAIRES :
> à part la chaleur, on ne voit pas.

NOTRE BUDGET :
> belle note d'essence,
> pour le reste, cuire sur une ligne de front n'est pas ce qu'il y a de plus onéreux.

INDISPENSABLE :
> là, on risque un cancer de la peau. Tant pis pour le style, il faut carrément une casquette, voire un bob, pour Véro. *No comment…*

KURDISTAN IRAKIEN
`DESTINATION :`
> Erbil, puis le front.
`REPORTAGE :`
> Ces femmes qui ont pris les armes contre Daech.

Depuis plusieurs mois déjà, nous suivons l'avancée sanglante de l'État islamique.

Forcément, un peu frustrées de le faire de loin. Mon mari, qui plaide pour des reportages sur « la fabrication du camembert en Normandie », a déclaré la Syrie *off limits*. Dans certains conflits, il est possible, et même souhaitable, d'aller recueillir la parole des « méchants ». Je pense par exemple aux talibans, pas foncièrement réfractaires aux médias, que Véro a rencontrés plusieurs fois. Mais là, impossible d'aller tailler une bavette avec les djihadistes. Ce sont eux les kamikazes, pas nous. En revanche, il est facile d'être embarqué avec leurs adversaires kurdes, qui, dans cette guerre, jouent également leur ticket pour l'indépendance. Et mettent en avant leurs combattantes, icônes photogéniques qui représenteraient un tiers des forces engagées, sans doute un peu moins, mais la belle histoire de ces amazones n'est pas pour nous déplaire.

Enfin, nous allons raconter des femmes debout !

Pour une fois, le reportage commence dans le confort d'un restaurant parisien. La mère d'un ami kurde, très connectée sur place, nous offre de l'or contre un déjeuner même pas dispendieux : les portables de plusieurs généraux déployés le long de la frontière avec l'Irak. Du pain béni. Plus j'ai de numéros inscrits dans mon carnet avant le départ, mieux je me sens. Mon côté protestant ? Je dirai que les enjeux financiers et la pression des rédactions sont tels que nous n'avons droit ni à l'erreur, ni aux errements. Dans la préhistoire du reportage, à l'époque des Kessel et des Kapuscinski, on partait le nez au vent à l'aventure, avec un mois devant soi pour raconter l'histoire de son choix. Aujourd'hui, nous n'avons qu'une dizaine de jours, peu de latitude pour déroger au sujet prévendu, et beaucoup de comptes à rendre aux *cost killers* des magazines. Nous sommes donc souvent tenues par un programme long comme le bras. Notre « liste au Père Noël », comme on l'appelle avec Véro : ces photos et ces interviews, que nous fantasmons dans la phase de préparation, et qui tombent souvent à l'eau une fois sur place. Fort heureusement, car on ne fait pas de la fiction. Le reportage reste un saut dans l'inconnu. Même si les occasions sont rares de se laisser guider par l'intuition et les événements, comme cela nous arrive dès notre premier jour à Erbil.

Info ou intox ?

Au petit déjeuner, notre chauffeur-fixeur, également fourni par la connexion kurde à Paris, évoque le décès survenu la veille d'une des premières femmes *shahid* (martyre) côté kurde. Nous décidons de tirer le fil. Première surprise : le porte-parole de l'armée parle d'intox. Personne ne serait mort ces derniers jours, nous assure-t-on, et encore moins une femme. Pourtant, après une journée de recherches auprès des différentes factions engagées, nous trouvons son identité, sa tombe, et même ses parents. La jeune femme combattait au sein d'un groupe de résistants iraniens, inscrit sur la liste noire du régime de Téhéran. Or, dans sa lutte contre les islamistes d'une part, contre les Turcs farouchement opposés à la création d'un État kurde de l'autre, le président Barzani ménage ses alliés régionaux, quitte à passer sous silence la présence de certains combattants sur son sol... Comme toujours dans les conflits, il y a des zones de gris. Elles se nichent par exemple dans ces destins passés sous silence, peut-être anodins à l'échelle d'un pays en guerre, mais qui permettent de s'extraire d'une vision trop manichéenne.

> Photographiées à tout-va, on se prendrait presque pour des stars, oubliant même que nous sommes sur une ligne de front.

Le Disneyland de la guerre

Est-ce le confort inhabituel de notre chambre d'hôtel à Erbil, le discours invariable des combattants relayé dans un anglais sommaire par notre chauffeur-fixeur, ou encore ces amazones brandies comme un étendard pour alimenter la médiatisation des forces kurdes ? Toujours est-il que dans les premiers jours du reportage, nous avons un sentiment de malaise. Sur la ligne de front, tout est très, trop, bien organisé. C'est limite si l'on n'attend pas le journaliste en goguette pour tirer un coup de mortier ou arroser complaisamment d'une rafale de kalach un ennemi invisible. Pour nous qui couvrons rarement les news, cette déferlante de médias qui se retrouvent au même endroit, au même moment, nous donne la drôle d'impression d'être au Disneyland de la guerre. Au point d'en oublier par moments qu'il s'agit bien d'une zone de conflit, et que nous nous trouvons par endroits à moins d'un kilomètre des hommes de Daech. Après deux tentatives avortées sur des lignes de front trustées par des hommes, nous parvenons

> On tente de repérer les positions ennemies.

à localiser un contingent féminin. L'excitation revient avec les picotements de trouille quand, juste avant de quitter l'abri de la voiture, le fixeur nous enjoint de faire des doubles nœuds à nos lacets, histoire de ne pas s'étaler comme des crêpes en cas de grabuge. On est à bloc, remontées comme des coucous, et on déboule dans un poste avancé… où on prend le thé.

Certes, le calme d'un champ de bataille est souvent trompeur. Surtout dans une guerre de position. Quand nous débarquons, la grande offensive kurde n'est pas à l'ordre du jour. Les armes promises par l'Occident se font attendre. Pour l'heure, l'ennemi, c'est surtout cette chaleur inhumaine qui écrase le camp de fortune poussiéreux où nous atterrissons. Pas un poil d'ombre à l'horizon, et un inconfortable sac de sable pour poser une demi-fesse. Pour briser la glace, nous avons apporté deux sacs d'échantillons de produits de beauté qui disparaissent comme au premier jour des soldes. Nos guerrières sont coquettes. Avec leur coque d'iPhone à fleurs, leur paire de lunettes de soleil griffée et leur manucure

On cherche l'ombre…

presque impeccable, l'effet miroir fonctionne à plein régime. On n'est pas si différentes – la coque fleurie en moins. Alors, forcément, on s'interroge : est-ce qu'on irait spontanément cuire sous un soleil de plomb et risquer sa peau pour défendre notre pays ? Certaines combattantes sont aussi de jeunes mères. Je leur demande comment elles gèrent la séparation et le danger, et me fais rembarrer par la femme général en charge du bataillon, presque outrée de la question. Elles sont, dit-elle, des « soldats avant tout ». Et nous, sommes-nous des « journalistes avant tout » ? À tout prix ? Dans ce désert brûlant, ces dames en treillis ressuscitent mes réflexions agitées sur notre métier.

Quand on sera grandes...

Quand on imagine notre reconversion, tout devient compliqué ! Pourtant, on sait que cette belle épopée ne durera qu'un temps. Pour bien faire ce métier, il faut avoir faim. Vivre chaque reportage comme si sa vie en dépendait. Avoir cette flamme intérieure qui donne la curiosité de rencontrer les autres et le courage de tout laisser derrière soi chaque fois que nécessaire. Un jour, la flamme s'éteindra. Avec un coup dans le nez, Véro parle d'ouvrir alors une maison d'hôtes, et ça fait doucement marrer ceux qui connaissent ses talents de maîtresse de maison... Moi, je me verrais bien calife à la place du calife, régnant en tyran sur une armée de pigistes que j'enverrais au front à mon tour, avec tout de même un pincement au cœur. Car je ne me fais aucune illusion : ni le pouvoir, ni un nouveau

Dans un camp de réfugiés, les témoignages accablants s'enchaînent.

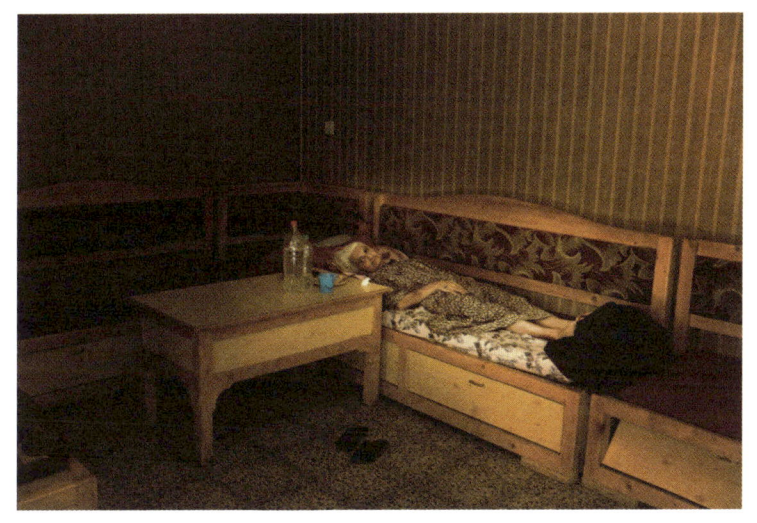

Chrétienne fantomatique ayant fui Mossoul, réfugiée dans un monastère.

départ ne nous rendront le frisson du terrain et le plaisir de le partager ensemble. Bien sûr, c'est abîmant. Les drames dont nous sommes les témoins ne disparaissent pas dans l'avion. Certains s'incrustent dans nos mémoires, s'invitent dans nos rêves, débordent sur nos vies. Du Kurdistan irakien, on en ramène tout un wagon.

Nos fantômes

Comme cette vieille dame qui a tout perdu, jusqu'à son alliance incrustée dans son annulaire après cinquante ans de mariage. Ou ce garçon qui atteint le triste record de vingt membres de sa famille massacrés. Cet homme, encore, qui pleure dans une école transformée en camp de fortune : « Ils nous ont tout pris : nos maisons, nos femmes, notre honneur. » Et puis ce vieux monsieur, dont je parle dans l'article et qui m'a fait monter les larmes aux yeux. Peut-être sa dignité, peut-être qu'il me rappelait mon grand-père... Je ne sais pas, au final, comment on effectue ce tri subjectif, comment on décide de ce qui restera dans l'anonymat de nos archives et de ce qui sera publié. Il serait vain de prétendre que le reporter est un observateur neutre. Il y a toujours quelque chose de personnel dans les histoires que nous rapportons. Nous parlons forcément mieux de ce qui nous touche, nous choque, nous étonne ou nous obsède. Mais il y a aussi un choix tactique au moment d'opérer la sélection dans les photos et les propos collectés. Il faut penser à ceux qui serviront au mieux notre propos journalistique. Quand j'écris ça, je pense à l'artiste palestinienne Rafeef Ziadah, qui a composé un poème magnifique en réponse à ces journalistes qui déboulent dans les camps de réfugiés et veulent, invariablement, des « formules » et des « histoires humaines » – le tout pour leur bouclage du soir et en moins de 10 000 signes... Il y a parfois des arbitrages compliqués, et puis des regrets. La vieille dame et son alliance, par exemple, sont restées sur le carreau. Mais elles me réveillent parfois la nuit. C'est sans doute ce qu'il y a de plus dur dans l'après-reportage. Apprivoiser ces fantômes ramenés dans nos valises.

M.

Impuissantes et inutiles face à cette enfant condamnée dans un camp de réfugiés.

Photographier la guerre

AVANT DE PARTIR
> Trouver des femmes combattantes ? Facile.
> Être au cœur de l'action ? Facile.
> Photographier des femmes combattantes en pleine action en moins de six jours sur place ? Moins évident.

SUR PLACE
> Dès le premier jour, nous nous rendons sur la ligne de front. Nous y sommes, au cœur de l'action. Les combattantes, elles, viennent de partir. Il ne reste que les hommes... Dommage.
> À regret, nous quittons cette ligne de front pour une autre où les combattantes sont bien présentes. Mais l'action, elle, n'est plus au rendez-vous. « Il fallait venir hier. » Évidemment.
> Pourtant, au QG des PKK, on sent bien que quelque chose se prépare. Mais on nous ment impunément. « Rien d'excitant. Juste une réunion avec des généraux à Erbil. » Il ne nous restera que nos yeux pour pleurer quand nous apprendrons, le lendemain, que les pick-up chargés des belles amazones se rendaient bien sur la ligne de front...

PHILOSOPHIE PAR TEMPS DE GUERRE
> Il faut se faire une raison. Les photos de guerre sont souvent décevantes. Je me souviens de ma première ligne de front, avec les *marines,* en Afghanistan. Galvanisée par le bruit des balles et des roquettes qui pleuvaient, j'ai pris tous les risques pour m'approcher au plus près de l'action. Après quatre jours sous le feu ininterrompu des talibans, nous sommes rentrés au camp, accueillis comme des héros. J'étais impatiente de découvrir mes photos, persuadée de tenir des images exceptionnelles, à la hauteur de ce que j'avais ressenti. Quelle déception ! Des soldats bien entraînés restent stoïques en tirant, quand l'ennemi, lui, est trop loin pour figurer sur la photo. À part quelques cartouches vides qui jonchent le sol, peu de choses différencient ces photos de celles d'un entraînement. Quant aux balles que l'on aperçoit çà et là dans le ciel, il faut sacrement zoomer pour s'assurer que ce ne sont pas de simples poussières sur mon objectif... Mais quelle photo pourrait rendre l'odeur de la poudre, les claquements des balles, les hurlements de panique, la gorge sèche en carton, et le pipi dans sa culotte de peur de mourir les fesses à l'air ?

RETOUR SUR PLACE
> Avec le Kurdistan, j'avais vraiment envie de prendre ma revanche. Je voulais réussir à faire des photos sur la ligne de front qui refléteraient pleinement ce que nous aurions vécu. Mais notre course folle pour nous trouver au cœur de l'action a échoué. J'ai alors dû me concentrer sur les à-côtés de cette guerre, en photographiant les victimes et les combattantes dans leur quotidien. Cela a apporté de l'émotion, un peu d'humanité et une profondeur au reportage.
> Dernière difficulté. Je souhaitais photographier une victime yézidie tout en respectant son anonymat. C'est ma hantise,

Bataille de Sangin, province de l'Helmand, sud de l'Afghanistan. Avril 2007.

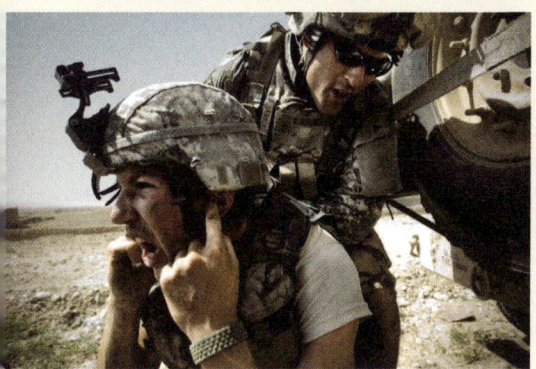

ce genre de portrait. Il faut d'abord trouver une jeune femme qui accepte de nous parler, de nous accueillir chez elle, et qui, enfin, nous fasse assez confiance pour accepter de se laisser photographier. Pendant que Manon l'interviewe, mes yeux fouillent à la recherche de quelque chose qui pourrait construire mon image. Il faut que cela reste simple, presque instantané, sinon elle refusera. Je lui demande alors de poser devant la lessive qui sèche. Les vêtements de bébé nous apprennent qu'elle est une toute jeune maman, et sa main cramponnée à sa djellaba en dit long sur son traumatisme. En regardant cette photo, on comprend tout de suite que l'on est face à une jeune femme qui a vécu quelque chose d'horrible, de si terrible qu'elle doit témoigner anonymement.

V.

Gul, dix-neuf ans, a été enlevée avec son bébé dans le Sinjar. Mariée de force à un combattant islamiste à Mossoul, elle a réussi à s'évader. Mais reste durablement traumatisée.

Ligne de front de Jalawla. Ces combattantes de l'Union patriotique du Kurdistan (UPK) se battent pour la liberté des femmes et du peuple kurde.

Des milliers de réfugiés yézidis débarquent à Dohuk, en Irak. Ils organisent leur survie où ils peuvent.

Les femmes tentent de recréer un quotidien dans les ruines.

Un camp du PKK, à Makhmour. Pour rejoindre les rangs des PKK, il faut faire le deuil d'une vie de famille. Tout sacrifier à la cause kurde.

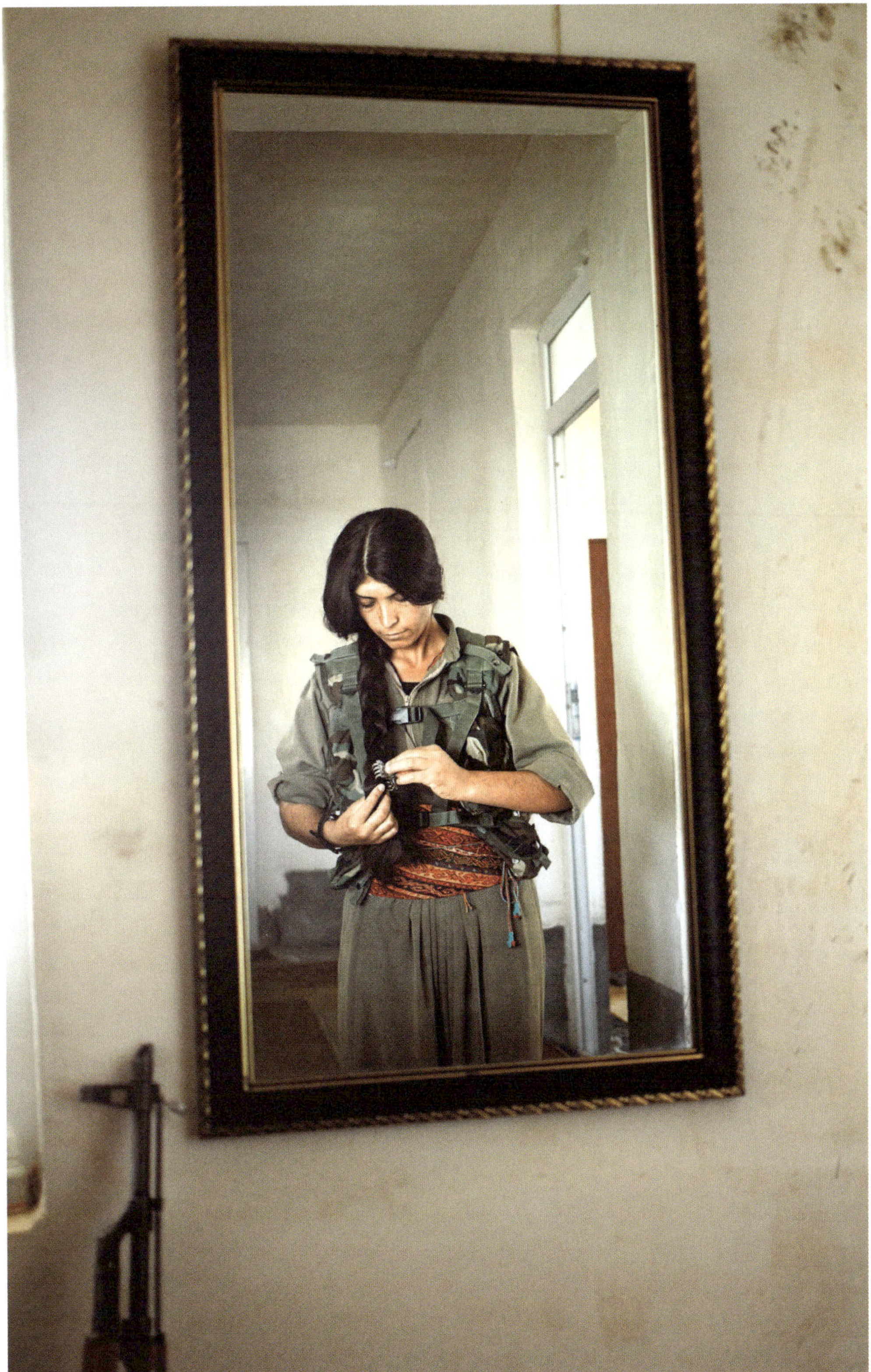

S'IL N'EN RESTAIT QU'UNE...

Je l'ai prise en pleurant. Ce couple digne et uni dans le malheur m'a fait cadeau d'une image poignante en me laissant pénétrer son intimité. Je ne pense pas que ma photo leur ait rendu justice, qu'elle ait été à la hauteur du moment de vie offert. Elle n'a d'ailleurs pas été choisie par le magazine. Mais moi, à chaque fois que je la regarde, l'émotion me frappe encore en plein cœur : les sanglots de la mère qui s'écroule, le père qui lutte et résiste, la chaleur étouffante, et la présence de cette jeune femme tuée deux jours auparavant. V.

... ET UNE AUTRE ENCORE

Trêve de douceur dans un monde en guerre. V.

grand reportage

IRAK
LES INSOUMISES KURDES
EN GUERRE CONTRE LE DJIHAD

Parce qu'elles ne veulent pas être kidnappées et mariées aux troupes de l'Etat islamique, des centaines de révoltées ont rejoint les factions kurdes du pays. Et résistent aux hommes d'Allah qui étendent leur califat. C'est sur leur ligne de front que nos reporters ont rencontré en exclusivité ces soldates prêtes à sacrifier leur vie pour rester libres.

Par Manon Quérouil-Bruneel.
Photos Véronique de Viguerie.

grand reportage

Ongle verni sur la gâchette, tapie derrière des sacs de sable, Ranguin guette un ennemi invisible. A ce poste de combat avancé, au cœur d'une plaine vaste comme un désert, le calme est trompeur. Au terme de combats acharnés contre les hommes de l'Etat islamique (EI ou Daech, en arabe), les forces kurdes sont parvenues à grignoter du terrain pour reprendre le contrôle des environs de Jalawla, ville clé située à 130 km de la capitale irakienne, Bagdad. Voilà une semaine que ce bataillon mixte d'une trentaine de soldats de l'Union patriotique du Kurdistan – un des deux principaux partis de cette région autonome d'Irak – tient la position, dans l'attente d'une livraison d'armes lourdes. Une semaine à se battre contre la chaleur, la fatigue et un adversaire à la fois proche et volatil. « On les entend, le soir, sur les fréquences radio, raconte Ranguin, le visage cuit par le soleil. Ils nous disent: "Sale chienne, si on t'attrape on sera vingt-cinq à te passer dessus avant d'envoyer ta tête à ta mère par la poste." » Pas de quoi effrayer cette peshmerga (terme kurde qui signifie littéralement « qui va au-delà de la mort ») de 29 ans, dont treize passés à faire la guerre. Mobilisée tour à tour pour l'indépendance des Kurdes puis contre l'armée de Saddam Hussein, elle considère que le combat qu'elle livre aujourd'hui est le plus important de sa vie.

PLUS CRAINTES QUE LES HOMMES
Les quinze guerrières présentes sur le front ce jour-là opinent. Toutes se battent, disent-elles, afin de préserver l'exception kurde; le « dernier îlot de liberté » dans une région qui menace de basculer sous la coupe des islamistes - dont le

territoire court depuis la banlieue de Damas, en Syrie, jusqu'aux faubourgs de Bagdad. Pour faire barrage au prétendu califat, les peshmergas sont persuadées d'apporter une singulière valeur ajoutée. « Les islamistes ont plus peur de nous que de nos frères. Ils pensent que s'ils sont tués par une femme, ils en être "impur", les portes du paradis ne s'ouvriront pas pour eux », pouffe Ranguin.
Pourtant, les forces kurdes hésitent à se risquer dans la ville de Jalawla, située à moins de 2 km du front. Quelques familles y vivent encore, prises entre deux feux. « Les civils ont déjà trop trinqué », se désole la colonelle Nahida Ahmed Rashid, en charge du contingent féminin, en désignant, en contrebas, un charnier où s'entassent vingt-sept corps décapités, dont celui d'un enfant de 2 ans. Pas question, toutefois, de la soupçonner de sentimentalisme, ni d'imaginer que son statut de femme et de mère influence de quelque manière son commandement. La colonelle est une soldate avant tout: « Je ne me préoccupe pas davantage qu'un homme des conséquences de la guerre que nous devons mener. Mes troupes sont là de leur plein gré. Nous savons toutes qu'il n'y a aucune garantie de rentrer vivantes. » En un mois, cinq de ses combattantes ont péri.
Deux jours plus tôt, c'est Nigar Hosseini, étudiante de 19 ans engagée aux côtés du Parti de la liberté, une branche iranienne de la guérilla kurde, qui a été déchiquetée par un tir de roquette. La veille encore, elle postait sur Facebook une photo d'elle en uniforme, souriante. « Un matin d'août, elle a vu à la télé un reportage sur des femmes vendues comme esclaves aux combattants islamistes. Elle s'est levée sans un mot, et une semaine plus tard elle était sur le front », raconte sobrement Mohamed, son père, tentant de faire bonne figure devant les cadres du parti venus l'accompagner sur la tombe de la jeune femme. Dissimulant son chagrin sous une musique patriotique, le père se déclare fier de sa fille, « morte debout, pour son pays et pour ses sœurs ».
Révoltées par le sort réservé à leurs semblables, les femmes kurdes seraient déjà une centaine à rejoindre, au sein des différentes factions kurdes engagées en Irak, la lutte armée contre Daech. « Nous avons beaucoup souffert sous Saddam Hussein, mais ce n'est rien à côté de ce qui attend les femmes si l'Etat islamique s'empare ▶

Irak.
Les insoumises kurdes en guerre contre le djihad

Parce qu'elles ne veulent pas être kidnappées et mariées aux troupes de l'État islamique, des centaines de révoltées ont rejoint les factions kurdes du pays. Et résistent aux hommes d'Allah qui étendent leur califat. C'est sur leur ligne de front que nos reporters ont rencontré en exclusivité ces soldates prêtes à sacrifier leur vie pour rester libres.

Ongles vernis sur la gâchette, Ranguin, tapie derrière des sacs de sable, guette un ennemi invisible. Une longue tresse court le long de son uniforme poussiéreux. Face à elle, l'horizon s'évanouit dans la touffeur accablante de midi. Dans ce poste de combat avancé, au cœur d'une plaine vaste comme un désert, le calme est trompeur. Au terme de combats acharnés contre les hommes de l'État islamique, les forces kurdes sont parvenues à grignoter du terrain pour reprendre le contrôle des environs de Jalawla, une ville clé située à 130 kilomètres de Bagdad. Voilà une semaine que ce bataillon mixte d'une trentaine de soldats de l'Union patriotique du Kurdistan (UPK) – l'un des deux principaux partis de cette région autonome d'Irak, proche du PKK – tient la position, dans l'attente d'une livraison d'armes lourdes qui tarde à arriver. Une semaine à se battre contre la chaleur, la fatigue, et un adversaire à la fois proche et volatil. « On les entend le soir sur les fréquences radio », raconte Ranguin, le visage cuit par le soleil. Ils nous disent : "Sale chienne, si on t'attrape, on sera vingt-cinq à te passer dessus avant d'envoyer ta tête à ta mère par la poste". » Pas de quoi effrayer la peshmerga – littéralement « qui va au-delà de la mort » – âgée de dix-neuf ans, dont treize passés à faire la guerre. Mobilisée tour à tour contre l'armée turque, ennemie héréditaire des Kurdes en quête de leur indépendance, puis contre celle de Saddam Hussein, elle confie que le combat qu'elle livre aujourd'hui est le plus important de sa vie.

Les quinze combattantes présentes sur le front ce jour-là opinent. Toutes se battent, disent-elles, pour préserver l'exception kurde, le « dernier îlot de liberté » dans une région qui menace de basculer sous la coupe des islamistes – dont le territoire court depuis la banlieue de Damas jusqu'aux faubourgs de Bagdad. Pour faire barrage au califat, les femmes peshmergas sont persuadées d'avoir une vraie valeur ajoutée. « Les islamistes ont plus peur de nous que de nos frères. Ils pensent que s'ils sont tués par une femme, un être *haram* (impur), les portes du paradis ne s'ouvriront pas pour eux », pouffe Ranguin. Pourtant, les forces kurdes hésitent à se risquer dans la ville de Jalawla, située à moins de 2 kilomètres du front. Quelques familles y vivent encore, prises entre deux feux. « Les civils ont déjà trop trinqué », dit Nahida Ahmed Rashid, en charge du contingent féminin, désignant un charnier en contrebas où s'entassent vingt-sept corps décapités, dont celui d'un enfant de deux ans. Pas question pour autant de la soupçonner d'un quelconque sentimentalisme, ni d'imaginer que son statut de femme et de mère de famille influence de quelque manière son commandement. Madame le colonel est un soldat avant tout : « Je ne me préoccupe pas davantage qu'un homme des conséquences de la guerre que nous devons mener. Mes troupes sont là de leur plein gré. Nous savons toutes qu'il n'y a aucune garantie de rentrer vivantes. » Cinq de ses combattantes ont péri depuis le début de la contre-offensive lancée en août dernier.

Deux jours plus tôt, c'est Nigar Hosseini, une étudiante de dix-neuf ans engagée aux côtés du Parti de la liberté, une branche iranienne de la guérilla kurde, qui a été déchiquetée par un tir de roquette. La veille, elle postait encore une photo d'elle en uniforme sur Facebook, fière et souriante. « Un matin d'août, elle a vu un reportage à la télévision sur des femmes vendues comme esclaves aux combattants islamistes. Elle s'est levée sans un mot, et une semaine plus tard, elle était sur le front », raconte sobrement Mohamed, son père, tentant de faire bonne figure devant les cadres du parti venus l'accompagner sur la tombe de la jeune femme. Planquant son chagrin sous un masque patriotique, le père se déclare fière de sa fille « morte debout, pour son pays et pour ses sœurs ». Révoltées par le sort réservé à leurs semblables, les femmes kurdes seraient de plus en plus nombreuses à rejoindre la lutte armée contre Daech (acronyme arabe pour désigner l'État islamique) au sein des différentes factions kurdes engagées en Irak. « Nous avons beaucoup souffert sous Saddam Hussein, mais ce n'est rien à côté de ce qui attend les femmes si l'État islamique s'empare de toute la région. La découverte de la tragédie de Sinjar a eu l'effet d'un électrochoc sur beaucoup d'entre nous », explique Mahabad Karadighi, qui dirige l'Union des femmes du Kurdistan.

Le 3 août dernier, les hommes de l'État islamique se sont emparés de cette ville au nord-ouest de l'Irak, jetant plus de 200 000 habitants sur les routes de l'exode. Au terme d'une longue marche forcée, beaucoup ont atterri à Dohouk, au nord du Kurdistan irakien. Dès l'entrée de la ville, l'ampleur de la catastrophe saute aux yeux. Loin de la ligne de front, la guerre y est pourtant partout. Sous l'abri dérisoire d'un pont, où une mère improvise le bain de son enfant entre deux rangées de tentes. Dans la poussière d'immeubles en chantier, où des cordes à linge tissent leur toile au milieu des décombres. Dans l'étuve des écoles prises d'assaut, où des petits font la sieste au milieu de salles de classe désertées. Morceaux de quotidien de familles qui n'ont plus rien. « Nous essayons de construire un camp avant l'arrivée de l'hiver, mais il ne s'agit de toute façon que de 450 tentes. Autant dire une goutte d'eau », se désole Jalal Darweeh, un humanitaire de Sharya, une localité à quelques kilomètres de Dohouk qui a dû absorber 27 000 réfugiés pour une population qui en compte moins de la moitié. Sur l'écran de son ordinateur, l'homme fait défiler une interminable liste qu'il étoffe tous les jours : les noms de plus de 600 femmes et enfants qui ne sont pas parvenus à fuir à temps quand les pick-up de Daech ont fait irruption dans la nuit. Amputés de leur femme, de leur sœur ou de leur enfant, des réfugiés rongés d'angoisse se succèdent dans le bureau de fortune de monsieur Darweeh avec une invariabilité effrayante. Leurs témoignages donnent brusquement vie à la longue liste couchée sur ordinateur, convertie en une succession de familles brisées. Abu Majed, digne monsieur secoué de sanglots muets, tient dans sa main tremblante cinq photos en éventail. Des portraits souriants de sa femme et de ses quatre enfants, perdus lors

grand reportage

Les combattantes kurdes ont une longue expérience de la guerre. Tour à tour mobilisées contre le gouvernement turc et les troupes de Saddam Hussein, elles risquent aujourd'hui leur vie pour contrer l'État islamique.

A Dohouk, les milliers de réfugiés yézidis qui ont fui l'avancée de l'État islamique tentent d'organiser un embryon de quotidien. Un retour chez eux reste très hypothétique.

A gauche, la capitaine Sosset, 50 ans, a passé plus de la moitié de sa vie à se battre. Sa fille Rangeen, 25 ans, a rejoint son bataillon et est postée sur la ligne de front.

Avec l'arrivée des 27 000 réfugiés yézidis, Dohouk a vu sa population tripler. Écoles et immeubles en chantier sont pris d'assaut pour constituer un camp où s'abriter avant l'hiver.

de l'attaque de Sinjar. Après un long silence à lutter contre les larmes, il parvient à articuler une question : « Ma plus jeune fille n'a pas dix ans. Quel est son péché ? »

Pour les combattants de l'État islamique, la réponse est toute trouvée : elle est une Yézidie, c'est-à-dire qu'elle appartient à une minorité kurde pratiquant une religion syncrétique préislamique accusée d'être celle d'« adorateurs du diable ». Et à ce titre, les Yézidis sont victimes d'un acharnement sans précédent de la part des djihadistes, qui ont réduit les femmes tombées sous leur coupe à l'état d'esclaves sexuelles. Ce qui ne semblait être au début de leur offensive qu'une folle rumeur, abjecte au point de ne pouvoir être vraie, est désormais une pratique avérée, qui plus est pratiquée à grande échelle : plus de 4 000 femmes, selon les estimations établies par les associations locales et les autorités kurdes, ont été vendues et mariées de force aux troupes de l'État islamique. Gul (le prénom a été modifié), une Yézidie de dix-neuf ans originaire de Sinjar, est l'une des très rares qui en ont réchappé. « Après l'attaque, toutes les femmes ont été regroupées dans une grande maison. Là, ils nous ont demandé d'enlever nos foulards pour pouvoir mieux choisir. Les plus âgées ont été mises de côté. Moi, j'ai été vendue à un homme de l'âge de mon père qui m'a emmenée avec lui à Mossoul », confie la jeune femme en caressant les cheveux de l'enfant accroché à elle. Le « dernier cadeau » de son époux, tué sous ses yeux.

Son calvaire dure quinze jours. Un matin, elle parvient à forcer la porte de la maison, marche des heures pour sortir de la ville en rasant les murs, son fils sous le bras, et réussit à rallier un barrage tenu par les forces kurdes.

Vian Dakhil, seule femme députée et unique représentante de la communauté yézidie au parlement irakien, est la première à s'être battue pour que le sort de Gul et de ses semblables ne soit pas noyé dans le flot des atrocités commises par les islamistes. Pour que cette persécution systématique à l'encontre des femmes cesse d'être traitée par les médias et l'opinion publique comme un « problème secondaire », dénonce la députée, en contact téléphonique avec plusieurs captives qui sont parvenues à conserver leur portable. « Elles sont parquées par dizaines dans des maisons à Mossoul. On leur dit : « Toi, toi et toi, allez prendre une douche, changez de vêtements ! Aujourd'hui, vous allez vous accoupler avec des combattants pour le "djihad sexuel". » Chaque appel que madame Dakhil reçoit apporte son nouveau lot de sordide. Des séances de viol collectif en public, pour briser toute velléité de résistance. Des gamines de douze ans, envoyées par groupes entiers en Syrie pour distraire les mercenaires d'Allah. Sur les réseaux sociaux, les brigades françaises de l'EI échangent *ad nauseam* des plaisanteries à leur sujet. Morceaux choisis de ces chats néobarbares publiés sur Facebook le 3 septembre dernier par un certain Abou Jihad

Irak. Les insoumises kurdes en guerre contre le djihad

MARIE CLAIRE, N° 748, OCTOBRE 2014

Al-Munfarid : « 350 dollars l'esclave à Mossoul si vous voulez lol. [...] Tu la laboures, tu la fais travailler à la maison, tu l'envoies chez tes parents pour qu'elle travaille chez eux. [...] Elles sont dans une pièce elles pleurent hhhhh, et il y en a une qui s'est suicidée lol. » Vian Dakhil confirme que selon ses informateurs sur place, trois jeunes femmes se sont donné la mort en s'étranglant avec leur voile. « C'est eux qu'il faudrait exterminer. J'aimerais leur trancher la gorge de mes propres mains », fulmine Ranguin, sur la ligne de front. Loin de les anéantir, cette haine des femmes professée par les islamistes est devenue un puissant moteur qui alimente leur résistance. Leur guerre. Daech terrorise les femmes : elles comptent bien lui rendre au centuple.

La traversée

des déserts

ممنوع نصب الخيام
خارج الأماكن المخصصة

CANADA

LES ICEBERGS EN CHIFFRES :
- 520 000 habitants dans la province de Terre-Neuve-et-Labrador, 1 seul chasseur d'icebergs assermenté,
- 10 mètres de hauteur, 25 mètres de longueur : les mensurations d'un iceberg parfait,
- 1 million de litres d'eau : le volume aspiré en une semaine par l'équipe du *Green Water*,
- 12 euros : le prix de vente de 750 millilitres de cette eau certifiée « ultrapure ».

NOS ALLIÉS :
- le cousin Jack, qui plaide notre cause auprès du bourru capitaine,
- et le cuistot du chalutier, qui nous propose des alternatives au ragoût d'élan.

NOS ADVERSAIRES :
- les icebergs, sur lesquels nous n'avons aucun moyen de pression.

NOTRE BUDGET :
- pour une fois très raisonnable. La vie en mer est spartiate, donc économique.

INDISPENSABLES :
- du Motilium, qui présente le double avantage d'enrayer le mal de mer et de faire dormir,
- une montagne de bouquins pour tuer le temps à bord,
- quelques bouteilles pour briser la glace avec nos marins.

MAROC

LE SABLE EN CHIFFRES :
- 500 kilomètres de côtes méditerranéennes, 2 900 kilomètres de côtes atlantiques : qui dit vaste littoral, dit grosses réserves de sable de plage,
- 20 millions de mètres cubes de sable extraits par an,

NOS ALLIÉS :
- nos gros ventres de femmes enceintes (le camouflage parfait),
- les activistes qui se trouvent au Sahara occidental.

NOS ADVERSAIRES :
- les services secrets marocains, à éviter à tout prix, surtout qu'il est interdit d'entrer au Sahara occidental,
- les « amis » de M6, pas ravis à l'idée d'une publicité sur leur trafic.

NOTRE BUDGET :
- notre fixeur, un journaliste local, très sympathique et très cher : 150 euros par jour,
- heureusement, il y a Florence, amie d'enfance expatriée à Rabat, qui nous héberge gratis et nous régale de ses petits plats délicieux.

INDISPENSABLE :
- le numéro de téléphone d'un gynécologue au cas où Manon devrait accoucher sur place.

CANADA
`DESTINATION :`
> la mer, au large du Canada.
`REPORTAGE :`
> rencontrer les cow-boys des mers qui chassent l'iceberg.

MAROC
`DESTINATION :`
> la plage, au Maroc.
`REPORTAGE :`
> enquêter sur le trafic de sable et la destruction du littoral marocain.

Les enjeux écologiques ne sont, *a priori*, pas notre tasse de thé.

Nous avons peu d'accointances, et encore moins de valeur ajoutée pour ce genre de sujet. Voire, nous sommes de vrais boulets, à la rue sur des termes technico-sexy comme « dragage » ou « concassage » (en anglais, c'est carrément la débandade). S'attaquer à ces déserts, de sable ou de glace, a quelque chose de paralysant pour les néophytes que nous sommes. Mais c'est aussi ça qui est chouette avec notre métier : on peut s'essayer à tout et s'inventer mille vies. Au fil des ans, nous avons été successivement putes russes dans un bordel de Damas, épouses de talibans dans la vallée de Swat, touristes à Grozny, ou encore acheteuses de terres rares en Mongolie-Intérieure. Alors, pourquoi pas chasseuses de sable ou d'icebergs ? Être crédible en chaque occasion, c'est la mission du reporter dont nous tentons de nous acquitter. Avec plus ou moins de bonheur…

Bon, le sable et les icebergs, on voit *a priori* ce que c'est. Le cours du mètre cube de sable au marché noir ou la technique d'arrimage au filin d'une montagne de glace, un peu moins. Avant le départ, on potasse comme des bachelières. Franchement, qui a entendu parler de types qui chassent des icebergs au large du Canada pour les vendre ? Et qui aurait pensé que le pillage du sable a atteint de telles proportions que des plages entières sont menacées de disparition ? Et surtout, dans le cas du Maroc, que derrière ces petits grains se cache un sujet éminemment politique ? Et donc casse-gueule.

Notre stage de survie en haute mer, obligatoire avant d'embarquer. On l'a passé de justesse.

Sables mouvants

Sur place, visiter une carrière afin d'observer les abus et les magouilles pour contourner les quotas d'exploitation s'avère une grosse galère. Pour les sites qui appartiennent à une coopérative de petits négociants, on y va au bluff. On s'aventure à l'intérieur en jouant la carte des touristes « hors des sentiers battus », comme dit le *Guide du routard*. Bah quoi ! si on préfère visiter une carrière plutôt qu'un riad ? Quand on tombe sur le responsable du chantier, on déroule notre partition bien rôdée des deux blondes écervelées. On s'extasie sur ces troupeaux d'ânes « tellement mignons » (qui servent en fait à piller la carrière) et on interroge, la bouche en cœur, sur l'origine de ces cratères qui balafrent la plage : « C'est quoiii, ces troutrous, Monsieur ? » Bien sûr, on prend des photos pour immortaliser ce moment tellement « authentique » qu'il devrait figurer dans les coups de cœur du *Routard,* d'ailleurs. Mais, pour les sites d'exploitation qui appartiennent à de gros bonnets souvent proches du roi Mohammed VI, la stratégie fait pschit ! On se fait virer sans ménagement avant même d'avoir pu nous approcher de la barrière d'entrée, puis escorter sur plusieurs kilomètres afin de s'assurer que nous faisons bien demi-tour.

Deux espionnes venues du froid

Ça se corse pour de bon dans la partie du reportage qui se déroule au Sahara occidental, grosse épine dans le pied marocain dont la souveraineté n'est pas reconnue par la communauté internationale. À l'arrivée à l'aéroport de Laâyoune, c'est comme dans un *S.A.S.* (les filles à poil en

Le temps peut paraître long quand on est coincées sur un chalutier en plein Atlantique Nord... Privées de douche, on passe nos journées en pyjama. À bord, c'est le laisser-aller général.

moins). Interrogatoire, filature, téléphone sur écoutes, la totale ! De l'espionnage à l'ancienne, avec des agents moustachus postés dès l'aube devant notre hôtel, ce qui nous oblige à graisser la patte du personnel pour passer par une sortie dérobée côté cuisine. Ça nous fait marrer, mais pour Véro, qui se retrouve à devoir voler la plupart des photos, c'est coton. Pour un magazine comme *Geo*, moins dans le scoop que dans la technique, dont la maquette repose sur plusieurs doubles d'ouverture qui claquent, l'exercice est franchement compliqué. L'écriture, aussi, est exigeante. Les relectures sont nombreuses, les demandes de précisions archipointues, et les négociations parfois serrées pour conserver une expression ou sauver une phrase. Voire même tout un paragraphe, comme dans le cas du Canada que j'avais surtout conçu, dans mon esprit rétif à l'enquête de consommation, comme un récit d'aventuriers. Oubliant un peu vite tout le volet sur le business de l'eau d'iceberg et ce snobisme étrange qui consiste à payer 12 euros pour de la flotte. Ce reportage a été pour moi l'un des plus compliqués, et pas uniquement au stade de l'écriture.

Rêve polaire, vraiment ?

Pour qui n'a pas le pied marin, une semaine sur un chalutier en plein Atlantique Nord relève de l'épopée. Alors que Véro semble totalement dans son élément, mon premier passage aux toilettes me laisse un souvenir cuisant. Même si ça tangue pas mal, je ne peux me résoudre à poser mon auguste derrière sur la même lunette que cinq marins qui carburent à la bière. J'opte donc pour une inconfortable position semi-accroupie, jusqu'à ce qu'un coup de roulis m'envoie valdinguer tête la première contre la paroi. Dès le premier jour, j'abandonne ainsi toute velléité hygiéniste. Encouragée par le froid ambiant, et à l'instar de nos camarades à bord, je renonce à prendre une douche. On s'habitue étonnement vite à être sale. Rapidement, je ne sens même plus les odeurs de vieilles chaussettes qui imprègnent la cabine que nous partageons avec le volumineux capitaine. Faute de place, nous dormons ensemble avec Véro dans la même couchette, tête-bêche et l'iPod à fond dans les oreilles pour ne pas entendre les ronflements inhumains qui s'élèvent en dessous de nous. Quant à la fameuse eau d'iceberg, la seule disponible sur le bateau, Véro prétend qu'elle lui donne mal à la tête. Moi je trouve qu'en matière de goût, ça revient à boire l'eau déminéralisée de son fer à repasser. Tant pis pour le fantasme tricoté par des publicitaires autour d'une eau millénaire et ultrapure. On n'est ni poètes, ni très portées sur la contemplation. Même si c'est beau, un iceberg, il faut reconnaître qu'ils se ressemblent un peu tous.

Le capitaine Kean et sa fine équipe de chasseurs d'icebergs.

Un ours à bord

Du coup, coincées sur notre chalutier, on trouve le temps un peu long. La routine des gars – et donc la nôtre – est immuable : lever aux aurores, repérage, abordage et suçotage d'iceberg, puis dîner tôt autour d'un roboratif ragoût d'élan arrosé de quelques bières (d'iceberg, forcément). Avant de mettre « la viande dans le torchon », comme nos copains disent avec poésie. En tout cas, c'est comme ça qu'on a choisi de traduire l'une des nombreuses expressions incompréhensibles entendues à bord. Au bout de deux jours, on a en revanche largement saisi le principe de cette pêche sportive, mais nous restons tributaires du bon vouloir du capitaine, seul maître à bord, pour retourner sur la terre ferme. Vu sa carrure et son humeur de dogue, on hésite un peu à peser sur son agenda… Et tout autant à le bousculer de questions en interview. Pas franchement un rêve de journaliste, ce capitaine Kean. Fidèle à la réputation du marin taiseux, il répond par monosyllabes, avec en prime un accent de Terre-Neuve imbitable. Les icebergs se montrent plus conciliants avec Véro, qui se régale avec de belles lumières et des paysages assez spectaculaires.

Un moment de complicité sans ambiguïté. Suffisamment rare pour être souligné.

Cuisine interne

C'est parfois comme ça, les reportages en duo : certains sont plus visuels, d'autres plus profonds. Quand l'une y trouve davantage son compte, on fait tout pour compenser. Un échange de bons procédés sur le terrain, qui consiste à me lever aux aurores pour que Véro profite d'une belle lumière pour ses photos ; pour elle, à faire montre d'une patience exemplaire lors d'interviews-fleuves pour tirer les vers du nez à un interlocuteur récalcitrant. L'attention portée au travail de l'autre fait partie intégrante de la réussite d'un reportage tel qu'on le pense, c'est-à-dire un vrai regard croisé entre texte et photos. Depuis le temps qu'on se pratique – une décennie quand même ! –, on sait d'instinct quand l'autre n'est pas contente, ou sur sa faim. Véro tourne comme un lion en cage, et je m'agace d'un rien. On a alors des échanges un peu vifs, disons. Surtout quand les hormones s'en mêlent...

En mode touristes, égarées sur la plage dépouillée par les trafiquants de sable.

Congé maternité, pour quoi faire ?

Au Maroc, nous étions toutes les deux enceintes. J'en étais à mon huitième mois de grossesse, après avoir traîné mon gros ventre à Madagascar, en Afrique du Sud, en Égypte et au Mexique. Quand elle attendait sa première fille, Véro a fait plus fort, suivant les Touaregs dans le désert malien au bord du chaos. Et s'attirant au passage quelques réflexions désobligeantes sur son « irresponsabilité ». Déjà, en temps normal, cet état provoque chez les gens l'envie irrésistible de donner leur avis sur tout. Alors quand on exerce le métier de reporter, c'est carrément la curée! Mais on n'est pas malades, juste enceintes. Une photoreporter américaine racontait qu'arrêter de partir à la dernière minute sous prétexte qu'on est enceinte ou renoncer aux reportages dans des zones infestées par le palu reviendrait à « s'autolicencier ». Elle a raison. Même alourdies, nous devons continuer à faire le job. Au Maroc, nous avons marché sans coup férir sous un soleil de plomb et nous sommes hissées, tant bien que mal, à l'arrière d'une Jeep pour avaler de la mauvaise piste. Nos silhouettes rebondies avaient d'ailleurs le double avantage de satisfaire aux canons de beauté orientaux, avec même une demande en mariage à la clé, et de détourner les soupçons. Et puis, argument définitif s'il en est : on porte bien mieux la djellaba sur un ventre rond.

M.

La traversée des déserts

La pression du déroulé visuel

AVANT DE PARTIR

> Ces deux reportages sont pour le magazine *Geo* et j'ai la pression. Parce qu'avant même de partir, je dois fournir un déroulé visuel où je liste les photos que je vais faire. Pas facile. Je n'ai jamais mis les pieds au Maroc ni à Terre-Neuve, encore moins vu d'iceberg de ma vie. Je surfe sur Internet à la recherche de vidéos et de photos pour me faire une meilleure idée de ce qui nous attend.

> Ensuite, comme on me l'a bien expliqué, il faut que je revienne non pas avec une image d'ouverture mais avec cinq ou six. Misère. Elles doivent être vraiment belles pour mériter une double page sans pour autant être redondantes. Ça va de soi. Exercice spécialement difficile dans le cas de notre chasse aux icebergs puisque nous serons coincées sur le même bateau avec les mêmes chasseurs sur la même mer à faire la même chose pendant pratiquement tout le reportage. Il va falloir ouvrir. Je n'ai pas l'habitude.

OBSESSION PROFESSIONNELLE

> Les magazines avec lesquels nous travaillons habituellement exigent une belle image pour ouvrir l'article. Sans elle, le reportage est loupé. Et cette satanée image reste mon obsession tant que je ne l'aperçois pas dans mon viseur. Manon est au fait, et on cherche frénétiquement ensemble « l'ouverture ». Après, seulement, on respire. Alors, vous imaginez, cinq ou six photos d'ouverture ? Je suis tellement stressée que je suis prête à embarquer pour un, voire deux mois. Patiemment, Manon me rappelle que j'ai maintenant deux petites filles et un mec qui m'attendent de pied ferme, à la maison... Ce sera quinze jours sur place, avec des billets retour modifiables pour calmer mes angoisses.

LE CAUCHEMAR

> Au Maroc, c'est encore pire, je n'ai accès qu'à des photos volées. Prises par la fenêtre de la voiture à vive allure ou en quelques minutes en se faisant passer pour des touristes. Pas le temps de travailler ni mon cadre, ni mon premier plan qui donnera à la photo sa profondeur, et encore moins d'attendre la bonne lumière. C'est un véritable cauchemar de photographe. Je suis obligée de mettre mes appareils en mode automatique : pas le temps de faire les réglages et pas le droit à l'erreur.

> Une fois que j'ai pris la photo, je fais un échange de carte mémoire. Je glisse celle que je viens d'utiliser dans mon soutien-gorge, tandis que, dans l'appareil, se trouve maintenant une carte inoffensive, contenant des photos de touriste : plage, paysages, *selfies*... Juste au cas où la police me demanderait de lui montrer ce que contient mon appareil. Chaque jour, je télécharge mes photos et je les envoie en France, pour ne rien laisser de compromettant sur mes cartes ou mon ordinateur, et, surtout, ne pas mettre dans le pétrin les personnes qui nous aident.

V.

En route pour la baie de Bonavista.

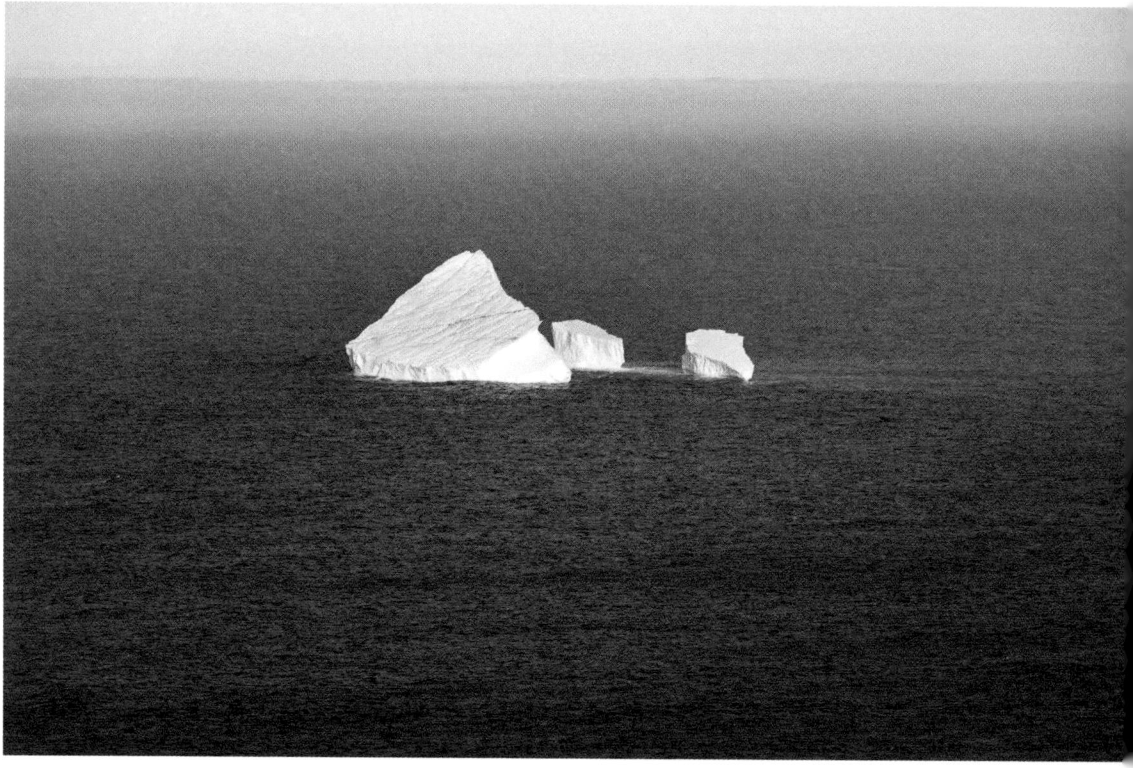

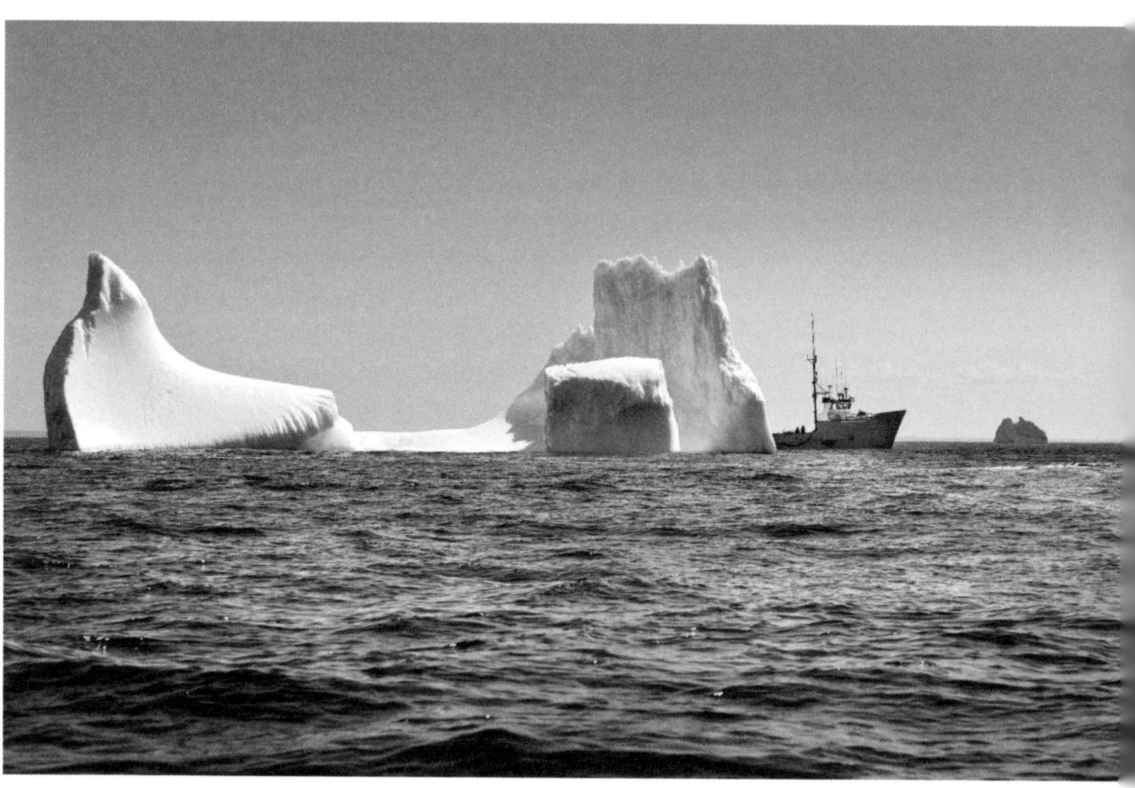

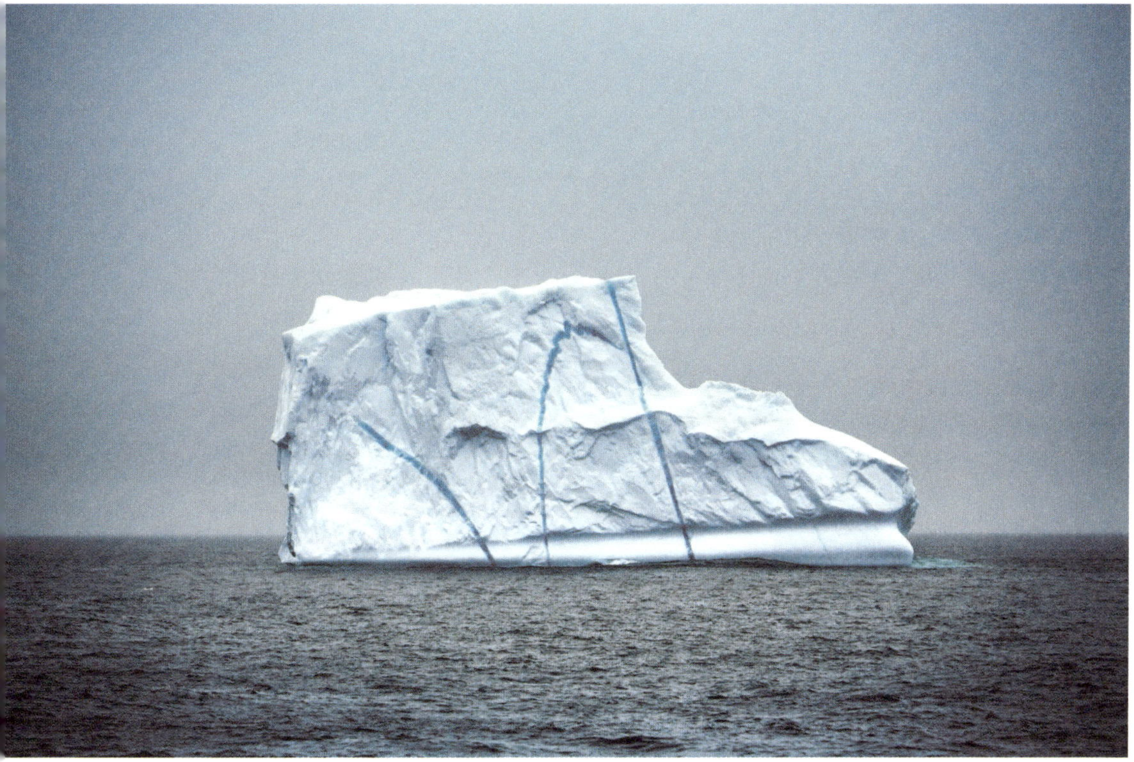

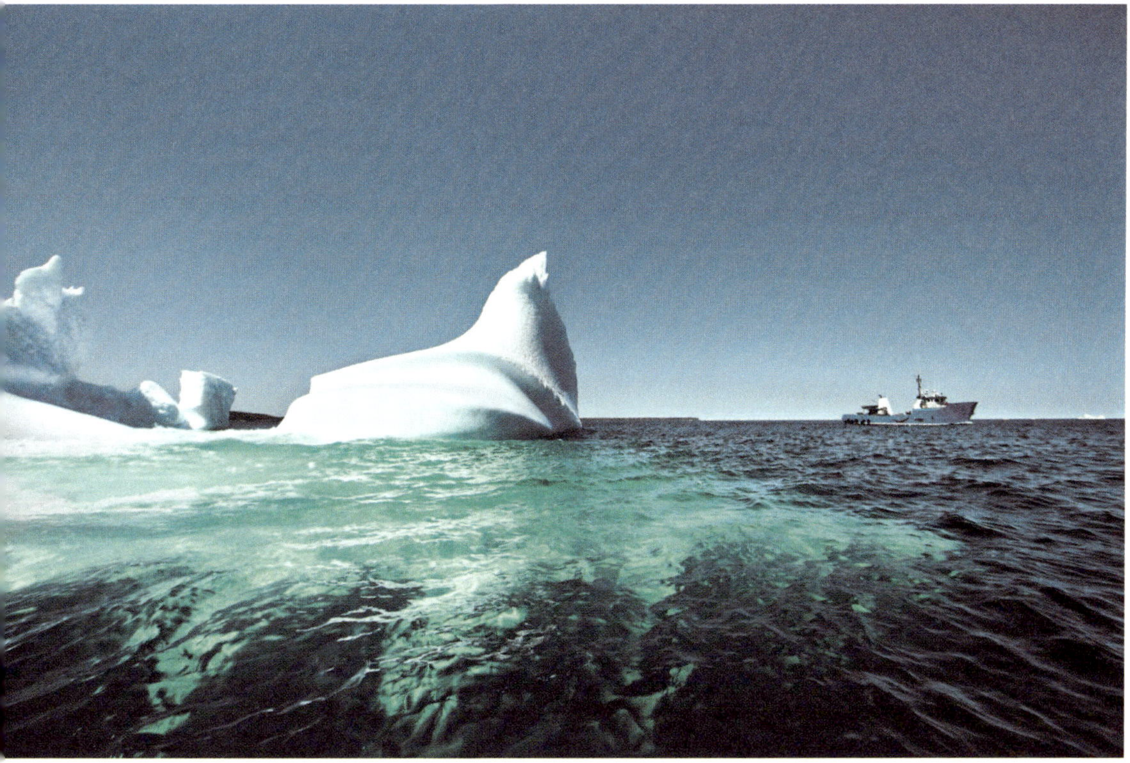

Ci-dessus. Le *Green Water* slalome entre les colosses de glace.
Ci-dessous. Jack cherche *THE* iceberg, celui qui présentera les mensurations parfaites pour sa capture.

Ci-dessus. Avant le grand départ, Ed et Phil pêchent un iceberg : l'eau potable de la traversée.
Ci-dessous. Le capitaine Kean jauge l'iceberg. Une erreur d'appréciation peut être fatale.

Seconde tentative, l'iceberg est pris au lasso.

Une grue commence le dépeçage de la montagne de glace vaincue.

Les villageois vident la plage lorsque les camions et pelleteuses n'y sont pas admis.

Ci-dessous. Des voleurs de sable rentrent au village.

Côtes marocaines abîmées par l'exploitation intensive de sable.

Ci-dessus. Les nomades ont été sédentarisés de force dans des quartiers HLM à Laâyoune.
Ci-dessous. Hamdi Ould Rachid, ancien pilier de la cause sahraouie, est devenu exploitant de sable. Étrange.

S'IL N'EN RESTAIT QU'UNE... AU CANADA

Cette photo m'a été offerte sur un plateau. Un don de la nature, une lumière magique. L'iceberg, labouré par les dents de la pelleteuse, doit être relâché. Trop dangereux, il menace de se retourner. Ed et ses hommes s'attaqueront à un autre demain. Pour cette photo, pas de pourparlers, pas de suée. Être là au bon moment. Ça peut parfois être aussi simple que ça. **V.**

... ET AU MAROC

Après tant de photos volées, voici enfin ma double d'ouverture. Il y a tout ce qu'il faut : la mer, la plage laide, des dizaines d'ânes qui charrient le sable et qui démontrent l'ampleur du trafic. J'en ai les mains qui tremblent, le cœur serré. Je sais qu'il va falloir faire vite. Ces jeunes trafiquants ne seront pas dupes longtemps. Ils ont mauvaise réputation, tiennent à protéger leur juteux business, et ont déjà cassé la gueule et les caméras de journalistes locaux qui ont tenté l'aventure. Très vite, je suis assaillie par les jeunes me demandant de l'argent, pourquoi je prends des photos, qu'est-ce que je fous là, qui je suis. Ils se mettent devant mon objectif, me bloquent la vue. J'enrage contre Manon et notre fixeur qui sont restés un peu en arrière pour faire une interview. Je dois me secouer les puces. La photo est là, sous mes yeux. Faisant mine de ne pas les comprendre, je me débarrasse de mes gêneurs en les envoyant à notre fixeur... Et puis clic. À ce moment précis, je le sens, je le sais, je la tiens. Elle est là. Je peux enfin respirer. Plus que quatre... **V.**

Pilleurs de sable

ARTICLE PUBLIÉ DANS *GEO*, N° 420, FÉVRIER 2014

ENVIRONNEMENT

PILLEURS DE SABLE

Ils font fortune en creusant côtes, îles et fleuves. Sans leur précieux butin, essentiel pour fabriquer le béton, pas de programme immobilier, pas d'hôtels pour touristes… Le Maroc est l'un des centres de ce trafic mondial. Enquête.

Pilleurs de sable

ARTICLE PUBLIÉ DANS *GEO*, N° 420, FÉVRIER 2014

Du muletier au notable affairiste, la fièvre ravage les environs de Larache

DÉCOUVERTE

CHASSEURS D'ICEBERGS

Au large du Canada, des aventuriers capturent les montagnes de glace à la dérive pour en revendre l'eau. Reportage sur un rêve polaire mis en bouteille.

PAR MANON QUÉROUIL-BRUNEL (TEXTE) ET VÉRONIQUE DE VIGUERIE (PHOTOS)

BLANC QUI SE DÉCOUPE SUR LE BLEU DE L'OCÉAN

NÉS AU GROENLAND, LES ICEBERGS MIGRENT PLUS D'UN AN AVANT D'ARRIVER À TERRE-NEUVE

L'ÉNORME PIÈCE EST ENFIN FERRÉE. LA GRUE LA DÉPÈCE PAR MORCEAUX DE 500 KILOS

LA FENÊTRE DE TIR EST ÉTROITE : TROIS MOIS, DE JUIN À AOÛT

Chasseurs d'icebergs

Au large du Canada, des aventuriers capturent des montagnes de glace à la dérive pour en revendre l'eau. Reportage sur un rêve polaire mis en bouteille.

Une exclamation tonitruante venue de la cabine de pilotage tire brusquement de sa torpeur l'équipage, engourdi après dix heures de navigation : « C'est lui ! » À la barre du *Green Water,* le capitaine canadien Ed Kean repose ses jumelles et pointe d'un doigt fébrile celui qu'il appelle « the One » avec une trace d'amour dans la voix. À l'horizon, un massif blanc se découpe sur le bleu foncé de l'Atlantique Nord. L'iceberg parfait. Pas le plus beau ni le plus gros de ces géants croisés tout au long du périple au large de l'île de Terre-Neuve, mais celui qui correspond en tout point aux critères exigeants du chasseur chevronné. Doté d'une forme plane, gage d'une certaine stabilité, et de mensurations raisonnables – en surface, 10 mètres de hauteur pour 25 mètres de longueur –, il flotte paisiblement dans une baie à l'abri du vent. Sans perdre de temps, Ed Kean se précipite sur le pont, avec une agilité déconcertante pour son imposant gabarit. Il distribue ses ordres, sec et précis, par gestes et monosyllabes. Peu de paroles, beaucoup d'action : le secret d'une chasse aux icebergs réussie.

Son second, Nelson Pittman, est à la manœuvre. Il tire sur les bouts qui relient la lourde barge à l'arrière du chalutier jusqu'à la faire glisser contre son flanc. Puis il pousse lentement la barge en direction de l'énorme masse de glace. Quand celle-ci n'est plus qu'à une centaine de mètres, c'est au tour de Phil Kennedy, le mécano, d'entrer en scène. L'homme saute dans une barque à moteur, entoure la proie d'un filin, comme un lasso, puis l'arrime à la barge. En quelques minutes, l'iceberg est ferré.

Sa longue migration de plus de 2 000 kilomètres depuis les glaciers du Groenland s'arrête là, contre les parois froides du *Green Water.* Une grue armée d'un grappin vient lui labourer le dos, lui arrachant un « lambeau » de glace d'une demi-tonne. Les griffes métalliques mâchonnent le glaçon géant, puis le recrachent en lourds débris sur l'embarcation. L'équipage les fracasse à grands coups de pelle, avant de les faire disparaître dans l'un des six réservoirs de la barge. La grue repart aussitôt à l'assaut, picorant sans relâche la montagne de glace vaincue. Le soleil couchant perce à travers les nuages gris et dessine des reflets bleutés sur la surface polie qui s'amenuise à vue d'œil. Au terme d'une semaine de besogne acharnée, à raison de dix heures de travail par jour, l'iceberg, dont l'essentiel de la masse se trouve sous la surface, aura complètement disparu. Au total, plus d'un million de litres d'eau ainsi détournés seront stockés à l'intérieur de la barge avant d'être vendus aux clients du capitaine Kean : des marques d'eau, de vodka, de bière et de digestifs qui se sont spécialisées dans la vente de boissons fabriquées à partir d'eau d'iceberg, 100 % pure. Un peu de rêve polaire en bouteille.

Remise au goût du jour par la sortie du film *Titanic* en 1997, la figure mystérieuse et vaguement inquiétante de l'iceberg est en effet devenue un produit marketing de poids : son eau issue des glaciers fait fantasmer les publicitaires. Âgé de plus de 15 000 ans, le précieux liquide est vierge de toute pollution extérieure. Un bon filon pour les industriels. Tony Kenny, un homme d'affaires canadien, a lancé il y a sept ans Berg Water, de l'eau d'iceberg vendue à l'export 12 euros la bouteille de 750 millilitres. Soit un prix bien supérieur à celui des eaux classiques, qu'elles soient minérales ou de source. « Mais c'est un produit de luxe, la Rolls de l'eau ! » argumente Tony Kenny dans son bureau de Saint-Jean, la capitale de la province de Terre-Neuve-et-Labrador. Après quelques tentatives infructueuses pour pénétrer les marchés français et anglais, il a choisi de dédaigner « l'Europe en crise » pour se concentrer sur le Moyen-Orient, où il écoule un tiers de sa production. Un marché taillé sur mesure pour ce produit de niche : « C'est parfait, là-bas ! Premièrement, il fait très chaud, donc on y boit beaucoup. Deuxièmement, l'eau distillée tirée de la mer Rouge est imbuvable. Troisièmement, ces pays ont beaucoup d'argent. Et enfin, comme ils sont musulmans, ils ne boivent que de l'eau ! » Curieusement, ce qui séduit les riches bédouins du Golfe, c'est davantage le prix prohibitif de ce breuvage d'exception que sa provenance, dont ils ignorent tout ou presque. « Là-bas, ils savent à peine ce qu'est un iceberg, affirme Tony Kenny. Je dois leur parler de Leonardo DiCaprio et du *Titanic* pour que ça fasse tilt ! »

David Meyers, le P.-D.G. d'Iceberg Vodka, n'a pas ce problème. Il prétend que sa marque se vend davantage que la Smirnoff – le leader mondial – dans la province canadienne de Terre-Neuve-et-Labrador, où les habitants ont grandi avec les icebergs au point de ne plus se rendre compte qu'ils sont là. Mais à l'apéritif, ils les adorent. « Notre production augmente chaque année de 10 % », se félicite monsieur Meyers, qui refuse cependant de communiquer sur son chiffre d'affaires exact ou le volume de ses ventes. Le marché national s'avère toutefois plus long à conquérir : Iceberg Vodka (l'eau d'iceberg est mélangée au maïs avant distillation) occupe actuellement la neuvième place des ventes en vodka, selon le classement établi par la Société canadienne des alcools. Heureusement pour cet entrepreneur, son épouse Arti Meyers, qu'il a chargée de la communication, a le sens du happening. En juin dernier, à l'occasion d'une soirée promotionnelle, elle a fait dépêcher par avion jusqu'à Toronto un bloc d'iceberg dans une belle glacière bleue venue s'échouer au milieu des petits-fours et des invités médusés. « Ils n'arrêtaient pas de répéter : "Oh, mon Dieu ! est-ce vraiment de l'eau préhistorique ?" » se souvient Arti Meyers.

Le capitaine Kean juge quant à lui cette opération marketing « décadente ». En vingt ans de carrière dans ce drôle de business, il a tout entendu. Il y a quelques années, il a même été contacté par le magazine *Playboy*, qui souhaitait organiser un shooting de filles en petite tenue chevauchant une montagne de glace. Pas de quoi émoustiller le vieux loup de mer, qui a envoyé paître ces « tarés d'Américains ». Un peu comme ces maîtres qui finissent par ressembler à leurs chiens, le bourru capitaine a la physionomie de ses icebergs – blanc et massif – et leur tempérament – imprévisible. Grand cœur, mais sale caractère. « En mer, Ed est dur, il gueule, et il pressure l'équipage jusqu'à obtenir exactement ce qu'il veut », dit son cousin Jack Huffman, fronçant ses sourcils broussailleux sur deux billes bleu lagon. Menuisier de formation, un peu poète, Jack s'est retrouvé embarqué à bord du *Green Water* à son corps défendant. Chasser l'iceberg, il trouve cela violent. « Ça ressemble à un viol : on saute sur lui sans lui demander son avis et on le dépouille jusqu'à la dernière goutte », dit-il en baissant la voix, certain que la métaphore lui vaudrait les railleries des quatre autres membres de l'équipage.

Mais Ed Kean a su se montrer persuasif. Il lui a offert un salaire confortable et l'a bombardé « responsable de la sécurité ». Ce qui fait bien rigoler Jack, qui craint en permanence qu'un homme glisse et passe par-dessus bord, ou se fasse assommer par un bout d'iceberg : « Le danger est partout, mais les gars m'envoient promener une fois sur deux quand je leur demande de porter au moins un casque et un gilet fluorescent ! » Les deux cousins ne partagent pas grand-chose, à part le fait d'être les descendants d'une longue lignée de navigateurs. À cinquante-cinq ans, Ed a déjà vécu plusieurs vies. Jeune diplômé de l'école de pêche de Saint-Jean, il a commencé par se lancer dans l'exportation de morue, avant que le gouvernement canadien impose un moratoire, en 1992. Tout un pan de l'économie locale s'est alors effondré, et avec lui les rêves de richesse du capitaine, qui s'est tourné du coup vers le marché de l'off shore. C'est ainsi qu'il a été chargé de dérouter les icebergs menaçant les installations pétrolières. Jusqu'à ce matin de 1996, où il a reçu un appel de la distillerie de Saint-Jean qui souhaitait se lancer dans la fabrication d'alcool à partir de l'eau des icebergs. « J'ai cru à une plaisanterie ! raconte-t-il. Je me disais : qui paierait pour boire ça ? » Après réflexion, Ed s'est laissé tenter, car, contrairement aux morues, les monstres de glace sont en libre accès. En effet, en l'absence de textes internationaux consacrés à leur exploitation, ils sont *a priori* exploitables par tous puisqu'ils n'appartiennent à personne. Les icebergs en haute mer sont des territoires sans maître, des *res nullius,* selon le terme juridique. « En réalité, c'est un peu plus compliqué », corrige le docteur Abdel-Razek, scientifique au département de l'environnement et de la conservation de Terre-Neuve. Cette région est l'une des rares au monde, avec l'Alaska, à se questionner sur le statut juridique des icebergs. La cour provinciale a établi une solution sur mesure pour certains d'entre eux : « On a délimité une zone de nos côtes : tous les icebergs qui y flottent sont soumis à la réglementation de notre bureau », détaille le docteur Abdel-Razek. Actuellement, quatre compagnies locales ont obtenu une licence d'exploitation, renouvelable tous les cinq ans pour la somme dérisoire de 1 000 dollars canadiens (près de 700 euros). Aucun quota n'est imposé, mais les exploitants s'engagent à ne récolter que l'exact volume correspondant à leur production afin d'éviter tout gaspillage. En plus d'Iceberg Vodka et de Berg Water, on trouve Quidi Vidi, une marque de bière, et Auk Island, qui fabrique des digestifs à base de myrtille et de canneberge. Toutes font exclusivement appel aux services d'Ed Kean, aujourd'hui unique fournisseur officiel de Terre-Neuve en eau d'iceberg. Et seuls quelques autres doux dingues s'essayent à ce business au large du Groenland…

« Chez nous, beaucoup ont essayé et se sont cassé le nez, car il faut investir un sacré paquet d'argent sans être sûr du résultat », commente sobrement le capitaine Kean quand on l'interroge sur les raisons de ce monopole canadien de fait. Et à lui, combien ça rapporte ? Le grand gaillard se referme comme une huître, mais finit par lâcher, du bout des lèvres, qu'il vit « plutôt bien ». Même si tout peut s'arrêter demain, puisque les licences sont « accordées aux sociétés d'exploitation, et non à Ed Kean en propre », souligne le docteur Abdel-Razek. Entre les deux hommes, les rapports sont frisquets. Le capitaine n'apprécie guère de devoir rendre des comptes à ce « gratte-papier planqué derrière un bureau » et s'applique à rédiger ses rapports hebdomadaires en hiéroglyphes indéchiffrables. C'est sa petite vengeance après une altercation à propos des méthodes de chasse : « Monsieur Abdel-Razek n'a pas apprécié que je fasse sauter un iceberg récalcitrant à la dynamite », rigole Ed, mimant d'une voix de fausset le fonctionnaire indigné : « Monsieur Kean, mais enfin, vous ne pouvez pas faire exploser les icebergs comme ça, voyons ! » Après cet épisode, Abdel-Razek a tenté de lui interdire de s'approcher des icebergs. Le capitaine, têtu, a refusé d'obtempérer, et un long bras de fer s'est engagé.
Finalement, les deux hommes ont conclu une sorte de *gentlemen's agreement* : Ed Kean fait à peu près ce qu'il veut, du moment qu'il le fait loin des villes et des tours-opérateurs pas franchement

ravis de voir ce cow-boy des mers détruire leur fonds de commerce. Car voilà le principal problème posé par cette étrange chasse : plus que les volumes prélevés, insignifiants par rapport aux ressources disponibles puisque l'équipage du *Green Water* ne s'attaque chaque année qu'à quelques icebergs sur les dizaines qui flottent autour de Terre-Neuve, c'est la cohabitation avec l'industrie du tourisme qui s'avère la plus délicate. « Les gens viennent du monde entier pour admirer nos icebergs, symboles de beauté sauvage. La dernière chose qu'ils veulent, c'est voir un type les détruire sous leurs yeux », résume Martin Goebel, ministre adjoint à l'Environnement de la province, qui précise que le tourisme reste la première priorité de la province. Ed Kean l'a constaté à ses dépens. Il y a une dizaine d'années, il a été déclaré *persona non grata* dans la baie de Bonavista, sur la pointe orientale de l'île, après avoir, à proximité d'un bateau de croisière, tiré à la carabine sur un iceberg pour y provoquer des fissures. Depuis cet épisode, les quatre pétoires planquées dans la cabine d'Ed Kean ne lui servent officiellement plus qu'à abattre des oiseaux et à se défendre, dit-il, contre « les ours polaires et les Inuits alcoolisés ».

D'ailleurs, en mer, le chasseur ne respecte qu'une loi : celle des icebergs, qui dictent leur tempo. Le capitaine n'a pour agir qu'une courte fenêtre de tir, qui s'étend de juin à août, lors de la fonte des glaciers du Groenland qui se cassent et se détachent, poussés vers Terre-Neuve par le courant du Labrador. Plus la saison avance, plus il faut remonter au nord pour trouver des icebergs. Et plus l'addition s'alourdit, à la fois en carburant et en main-d'œuvre. L'année 2013 fut un mauvais cru pour Ed Kean et son équipe, contraints d'aller à plus de 450 kilomètres au nord. Trois jours entiers de navigation avant même de pouvoir commencer à travailler, auxquels il faut ajouter la longue phase de préparation. Trouver « *the One* » est le couronnement d'une quête patiente, qui commence dès le mois d'avril. Ed Kean potasse alors les cartes établies par l'International Ice Patrol : depuis le naufrage du *Titanic*, ce service spécial d'étude et de surveillance placé sous le patronage des garde-côtes américains répertorie le nombre et la localisation des icebergs pour faciliter la navigation. Le chasseur travaille aussi grâce au bouche-à-oreille et cultive un impressionnant réseau d'informateurs à travers l'île. Des semaines durant, il arpente les côtes déchiquetées. Parfois, il se fait envoyer une photo pour se faire une idée. Mais ce n'est qu'une fois en mer, face à la montagne de glace, qu'il sait s'il a fait bonne pioche. « Il faut apprendre à décoder les signes de la nature. Quand un iceberg grince, c'est un avertissement clair du danger. Moi, je ne m'approche que de celui qui me crie : "Je veux venir à bord !" » Une seule fois, le capitaine, pressé par le temps, a fait fi de son instinct et s'est approché d'un bloc peu avenant, qui s'est brusquement écroulé, à quelques mètres seulement de son bateau, manquant de le faire chavirer...

À bord du *Green Water*, chaque jour est un défi. Et chaque jour passé sans un moteur qui lâche ou un homme qui glisse sur la surface humide de la barge est un petit miracle. Parfois aussi, l'équipage tombe sur un iceberg têtu, qui se rebelle et se fend en deux sous les coups de boutoir de la grue, empêchant donc l'arrimage. Quand la nature a le dernier mot, l'équipage doit tout recommencer à zéro. Les journées s'allongent, et ce n'est que quand la pénombre enveloppe le *Green Water* et que le ciel se fond avec la mer que les cinq hommes s'offrent un peu de réconfort, souvent autour d'un ragoût d'élan. À part le capitaine, aucun membre de l'équipage n'est un professionnel de l'iceberg, mais tous sont taillés pour la vie fruste de marin. L'espace à vivre est réduit à l'essentiel : une petite table où l'on se serre à tour de rôle, deux cabines et un coin cuisine. Zéro intimité. Et une date de retour toujours incertaine. Dans trois semaines, un mois peut-être... tout dépendra de la chasse : le *Green Water* ne rentrera au port qu'une fois les six réservoirs pleins, pour que cette eau « 100 % pure » soit tout de même traitée à Saint-Jean.

Ce soir-là, après le dîner, les hommes regardent un film de kung-fu tandis que le capitaine écluse une dernière bière. D'iceberg, forcément. Avec la fougue de la sincérité – mais faut-il y croire ? –, Ed Kean vante la pureté de cette eau vierge de toute pollution, consommée de tout temps par les habitants du coin et détentrice, selon lui, du secret de la longévité : « C'est la meilleure eau que Dieu ait créée. Ma grand-mère en buvait tous les jours, et elle a vécu jusqu'à cent six ans ! » Puis, froissant sa cannette vide : « C'est un bon gadget, hein ? *Business is business...* » Le capitaine Kean règne encore en maître incontesté sur « ses » icebergs mais redoute le jour où ces colosses de glace, incroyables réservoirs d'eau douce, seront au centre de toutes les convoitises. Il sait bien que déjà 1,6 milliard de personnes n'ont pas accès à l'eau potable, soit un cinquième de l'humanité. Et avec le réchauffement climatique et sa cohorte de fléaux, comme les sécheresses à répétition, ce qui n'est encore qu'une fantaisie pour amateurs de cocktails chics pourrait un jour devenir un enjeu mondial et une source de conflits. Une guerre de l'or blanc où il ne sera plus question de lubie, mais de survie.

GEO, N° 430, DÉCEMBRE 2014

DÉCOUVERTE

LE PRÉCIEUX LIQUIDE EST VIERGE DE TOUTE POLLUTION

••• litres d'eau ainsi détournés seront stockés à l'intérieur de la barge avant d'être vendus aux clients du capitaine Kean : des marques d'eau, de vodka, de bière et de digestifs qui se sont spécialisées dans la vente de boissons fabriquées à partir d'eau pure d'iceberg. Un peu de rêve polaire en bouteille.

Remise au goût du jour par le film «Titanic» en 1997, la figure mystérieuse et vaguement inquiétante de l'iceberg est en effet devenue un produit marketing de poids : son eau issue des glaciers fait fantasmer les publicitaires. Agé de plus de 15 000 ans, le précieux liquide est vierge de toute pollution extérieure (voir encadré). Un bon filon pour les industriels. Tony Kenny, un homme d'affaires canadien, a lancé il y a sept ans Berg Water, de l'eau d'iceberg vendue à l'export douze euros la bouteille de 750 millilitres. «C'est un produit de luxe, la Rolls de l'eau !», argumente Tony Kenny dans son bureau de Saint-Jean, la capitale de la province de Terre-Neuve-et-Labrador. Après quelques tentatives infructueuses pour pénétrer les marchés français et anglais, il a choisi de dédaigner l'Europe en crise pour se concentrer sur le Moyen-Orient, où il écoule un tiers de sa production. Un marché taillé sur mesure pour ce produit de niche : «C'est parfait là-bas ! Premièrement, il fait très chaud, donc on y boit beaucoup. Deuxièmement, l'eau distillée tirée de la mer Rouge est imbuvable. Troisièmement, ces pays ont beaucoup d'argent. Et enfin, comme ils sont musulmans, ils ne boivent que de l'eau !» Curieusement, ce qui séduit les riches Bédouins du Golfe, c'est davantage le prix prohibitif de ce breuvage d'exception que sa provenance, dont ils ignorent tout ou presque. «Ils savent à peine ce qu'est un iceberg, affirme Tony Kenny. Je dois leur parler de Leonardo DiCaprio et de "Titanic" pour que ça fasse tilt !»

«Ca ressemble à un viol : on saute sur lui et on le dépouille jusqu'à la dernière goutte»

David Myers, le PDG d'Iceberg Vodka, n'a pas ce problème. Il prétend que sa marque se vend davantage que la Smirnoff – le leader mondial – dans la province canadienne de Terre-Neuve-et-Labrador, où les habitants ont grandi avec les icebergs... au point de ne plus se rendre compte qu'ils sont là, mais, à l'apéritif, ils les adorent. «Notre production augmente chaque année de 10 %», se félicite l'industriel, qui refuse cependant de communiquer sur son chiffre d'affaires exact ou le volume de ses ventes. Le marché national est plus long à conquérir : selon la Société canadienne des alcools, Iceberg Vodka (qui utilise l'eau d'iceberg mélangée au maïs avant distillation) n'occupe •••

La glace passe dans une broyeuse, reliée par des tuyaux aux réservoirs de la barge. Une opération simple, mais risquée : il suffit d'une fausse manœuvre pour se faire assommer par un bloc gelé ou glisser par-dessus bord.

98 GEO

DÉCOUVERTE

AUCUNE LOI NE RÉGULE CETTE EXPLOITATION SAUVAGE

Pour le capitaine Kean, ancien pêcheur de morues, l'avantage avec les icebergs, c'est que nul quota ou texte international ne vient régir son activité.

••• que la neuvième place des ventes de vodka. Heureusement pour l'entrepreneur, son épouse chargée de la communication, a le sens du happening. En juin dernier, à l'occasion d'une soirée promotionnelle, elle a fait dépêcher par avion jusqu'à Toronto un morceau d'iceberg dans une belle glacière bleue qui a échoué au milieu des petits fours et des invités médusés. «Ils n'arrêtaient pas de répéter : "Oh mon Dieu, est-ce vraiment de l'eau préhistorique ?"» se souvient-elle.

Le capitaine Kean, lui, juge cette opération marketing «décadente». En vingt ans de carrière dans ce drôle de business, il a tout entendu. Il y a quelques années, il a même été contacté par le magazine «Playboy», qui souhaitait organiser un shooting de filles en petite tenue chevauchant une montagne de glace. Pas de quoi émoustiller le vieux loup de mer, qui a envoyé paître ces «tarés d'Américains». Un peu comme les maîtres qui finissent par ressembler à leurs chiens, le bourru capitaine a la physionomie – blanche et massive – et le tempérament – imprévisible – de ses icebergs. Grand cœur, mais sale caractère. «En mer, Ed est dur, il gueule, il pressure l'équipage jusqu'à obtenir exactement ce qu'il veut», dit son cousin Jack Huffman, fronçant ses sourcils broussailleux sur deux billes bleu lagon. Menuisier de formation, un peu poète, Jack a embarqué sur le «Green Water» à son corps défendant. Chasser l'iceberg, il trouve cela violent. «Ca ressemble à un viol : on saute sur lui sans lui demander son avis et on le dépouille jusqu'à la dernière goutte», dit-il en baissant la voix, certain que la métaphore lui vaudrait les railleries des quatre autres membres de l'équipage.

Mais Ed a su se montrer persuasif. Il lui a offert un salaire confortable et l'a bombardé «responsable de la sécurité». Ce qui fait bien rigoler Jack, qui craint en permanence qu'un homme glisse et passe par-dessus bord, ou se fasse assommer par un bout d'iceberg : «Le danger est partout, mais les gars m'envoient promener une fois sur deux quand je leur demande de porter un casque et un gilet fluorescent !» Les deux cousins ne partagent pas grand-chose, à part d'être les descendants d'une longue lignée de navigateurs. A 55 ans, Ed a déjà vécu plusieurs vies. Jeune diplômé de l'école de la Pêche de Saint-Jean, il a commencé par se lancer dans l'exportation de morues, avant que le gouvernement canadien n'impose un moratoire, en 1992. Tout un pan de l'économie locale s'est alors effondré et, avec lui, les rêves de richesse du capitaine, qui s'est tourné du coup vers le marché de l'offshore. C'est ainsi qu'il a été chargé de dérouter les icebergs menaçant les installations pétrolières. Jusqu'à ce matin de 1996, où il a reçu un appel de la distillerie de Saint-Jean qui souhaitait se lancer dans la fabrication d'alcool à partir de l'eau des icebergs. «J'ai cru à une plaisanterie, raconte-t-il. Je me disais : mais qui paiera pour boire ça ?»

Après réflexion, Ed s'est laissé tenter car, contrairement aux morues, les monstres de glace sont encore en libre accès. Et, en l'absence de textes régissant leur exploitation, ils n'appartiennent a priori à personne. Les icebergs en haute mer sont des territoires sans maître, des «res nullius», selon le terme juridique. «En réalité, c'est un peu plus compliqué», corrige le docteur Abdel Razek, scientifique au département de l'environnement et de la conservation de Terre-Neuve. Cette région est l'une des rares au monde, avec l'Alaska, à se questionner sur le statut juridique des icebergs. La cour provinciale a établi une solution sur mesure •••

DES RÉSERVOIRS D'EAU DOUCE POUR SAUVER DES VIES ?

Des icebergs contre la sécheresse dans le monde... C'est l'idée folle d'un ingénieur français, Georges Mougin, aujourd'hui âgé de 89 ans. Il est convaincu qu'en utilisant les courants marins, il est possible de tracter un iceberg de l'Atlantique Nord jusqu'aux régions les plus chaudes du globe, où il pourrait servir de réservoir d'eau douce. Un premier projet, élaboré pour le compte du prince saoudien Mohamed Al Fayçal à la fin des années 1970, a été abandonné. Puis en 2009, l'entreprise Dassault Systèmes, avec une simulation informatique, a démontré la faisabilité du plan. Un monstre de sept millions de tonnes (soit sept cent millions de litres) peut être acheminé jusqu'aux Canaries, en 141 jours et avec 38 % de perte. Seul impératif : entourer l'iceberg d'un «tissu» spécial pour retarder sa fonte. Mais le coût d'un tel voyage reste prohibitif : plus de huit millions d'euros.

100 GEO

DÉCOUVERTE

LES TOURISTES PESTENT CONTRE CES BRISEURS DE RÊVE

Les curieux se pressent sur une colline pour contempler cette sculpture géante qui vogue près de Saint-Jean. A Terre-Neuve, les icebergs sont depuis longtemps l'attraction touristique numéro 1. Mais les tour-opérateurs craignent que les chasseurs mettent en péril leur fonds de commerce.

••• pour certains d'entre eux : «On a délimité une zone au large de nos côtes : tous les icebergs qui y flottent sont soumis à notre réglementation», détaille le Dr Razek. Quatre compagnies locales ont obtenu une licence d'exploitation, renouvelable tous les cinq ans pour la somme dérisoire de 1 000 dollars canadiens (près de 700 euros). Aucun quota n'est imposé, mais les exploitants s'engagent à ne récolter que l'exact volume correspondant à leur production afin d'éviter tout gaspillage. En plus d'Iceberg Vodka et de Berg Water, on trouve Quidi Vidi, une marque de bière, et Auk Island, qui fabrique des digestifs à base de myrtille et de canneberge. Toutes font exclusivement appel aux services d'Ed Kean, aujourd'hui l'unique fournisseur en eau d'icebergs sur Terre-Neuve. Et seuls quelques autres doux dingues s'essayent à ce business au large du Groenland.

«Chez nous, beaucoup ont essayé et se sont cassé le nez, car il faut investir un sacré paquet d'argent sans être sûr du résultat», commente sobrement le capitaine Kean quand on l'interroge sur les raisons de ce monopole canadien. Et à lui, combien ça lui rapporte ? Le grand gaillard se referme comme une huître, mais finit par lâcher, du bout des lèvres, qu'il vit «plutôt bien». Même si tout peut s'arrêter demain, puisque «les licences sont accordées aux sociétés d'exploitation, et non à Ed Kean en propre», souligne Abdel Razek. Entre les deux hommes, les rapports sont frisquets. Le capitaine n'apprécie guère de devoir rendre des comptes à ce «gratte-papier planqué derrière un bureau», et s'applique à rédiger ses rapports hebdomadaires en hiéroglyphes indéchiffrables. C'est sa petite vengeance suite à une altercation à propos des méthodes de chasse : «Monsieur Razek n'a pas apprécié que je fasse sauter un iceberg récalcitrant à la dynamite», rigole Ed, mimant d'une voix de fausset le fonctionnaire indigné : «Monsieur Kean, mais enfin, vous ne pouvez pas faire exploser les icebergs comme ça, voyons !» Après cet épisode, Abdel Razek a tenté de lui interdire de s'approcher des icebergs et le capitaine, têtu, a refusé d'obtempérer. Un long bras de fer s'est engagé.

«Je ne m'approche que des icebergs qui me crient : "Je veux venir à bord !"»

Finalement, les deux hommes ont conclu une sorte d'accord tacite : Ed Kean fait à peu près ce qu'il veut, du moment qu'il le fait loin des villes et des tour-opérateurs pas franchement ravis de voir ce cow-boy des mers détruire leur fonds de commerce. Car voilà le principal problème posé par cette étrange chasse : plus que les volumes prélevés, insignifiants par rapport aux ressources disponibles puisque l'équipage du «Green Water» ne s'attaque chaque année qu'à quelques icebergs sur les dizaines qui flottent autour de Terre-Neuve, c'est la cohabitation avec l'industrie du tourisme qui est délicate. «Les gens viennent de partout pour admirer ces symboles de beauté sauvage. La dernière chose qu'ils veulent, c'est voir un type les détruire sous leurs yeux», résume Martin Goebel, ministre adjoint à l'environnement de la province, qui précise que le tourisme reste la priorité du gouvernement. Ed Kean l'a constaté à ses dépens. Il y a une dizaine d'années, il a été déclaré «persona non grata» dans la baie de Bonavista, sur la pointe est de l'île, après avoir, à proximité d'un bateau de croisière, tiré à la carabine sur un iceberg pour y provoquer des fissures. Depuis cet épisode, les quatre pétoires planquées dans la cabine d'Ed ne lui servent officiellement plus qu'à abattre des oiseaux et à se défendre, dit-il, contre «les ours polaires et les Inuits alcoolisés».

D'ailleurs, en mer, le chasseur ne respecte qu'une loi : celle des icebergs, qui dictent leur tempo. Le capitaine n'a pour agir qu'une étroite fenêtre de tir, qui s'étend de juin à août, lors de la fonte des glaciers du Groenland qui se cassent et se détachent, poussés vers Terre-Neuve par le courant du Labrador. Plus la saison avance, plus il faut remonter au nord pour trouver des icebergs. •••

102 GEO

DÉCOUVERTE

CETTE EAU TRÈS CHIC SERA DEMAIN UN ENJEU MONDIAL

UN LUXE AVANT TOUT

Les fabriquants de boissons qui utilisent des icebergs font valoir que leur eau, préservée de toute pollution, est 100 % pure. En réalité, elle est surtout pauvre en minéraux et calcium : 5 ppm (parties par million), contre 3 350 ppm pour de l'eau de Vichy ou 1 200 ppm pour la Badoit. La Française Maryllis Macé, du Centre d'information sur l'eau, n'y voit qu'un coûteux gadget (12 euros la bouteille à l'épicerie parisienne du Bon Marché, ci-dessus), doublé d'une aberration écologique : «Cette eau n'apporte rien. Mais coûte en kérosène pour voyager jusqu'ici.»

••• Et plus l'addition s'alourdit, à la fois en carburant et en main-d'œuvre. 2013 fut un mauvais cru pour Ed et son équipe, contraints d'aller à plus de 450 kilomètres au nord. Trois jours entiers de navigation avant même de pouvoir commencer à travailler, auxquels il faut ajouter la longue phase de préparation. Trouver «the One» demande de la patience. Dès avril, Ed potasse les cartes établies par l'International Ice Patrol : depuis le naufrage du «Titanic» (1912), ce service d'étude et de surveillance placé sous le patronage des gardes-côtes américains compte et localise les icebergs. Le chasseur travaille aussi grâce au bouche à oreille et cultive un réseau d'informateurs à travers l'île. Des semaines durant, il arpente les côtes déchiquetées. Parfois, il se fait envoyer une photo pour se faire une idée. Mais ce n'est qu'en mer, face à la montagne blanche, qu'il sait s'il a fait bonne pioche. «Il faut apprendre à décoder les signes. Quand un iceberg grince, c'est un avertissement du danger. Moi, je ne m'approche que de celui qui me crie : "Je veux venir à bord !"» Une seule fois, le capitaine pressé par le temps a fait fi de son instinct et s'est approché d'un bloc peu avenant, qui s'est brusquement écroulé, à quelques mètres de son bateau, manquant de le faire chavirer.

A bord du «Green Water», chaque jour est un défi. Et chaque jour sans un moteur qui lâche ou un homme qui glisse sur la surface humide de la barge est un petit miracle. Parfois aussi, l'équipage tombe sur un iceberg têtu, qui se rebelle et se fend en deux sous les coups de boutoir de la grue, empêchant l'arrimage. Quand la nature a le dernier mot, l'équipage doit tout recommencer de zéro. Les journées s'allongent, et ce n'est que quand la pénombre enveloppe le «Green Water» et que le ciel se fond avec la mer que les cinq hommes s'offrent un peu de réconfort, souvent autour d'un ragoût d'élan. A part le capitaine, aucun membre de l'équipage n'est un professionnel de l'iceberg, mais tous sont taillés pour la vie fruste de marin. L'espace à vivre est réduit à l'essentiel : une petite table où l'on se serre à tour de rôle, deux cabines et un coin cuisine. Aucune intimité. Et une date de retour incertaine. Dans trois semaines, un mois peut-être... tout dépendra de la chasse : le «Green Water» ne rentrera au port qu'une fois les six réservoirs pleins, pour que cette eau pure soit – c'est quand même nécessaire – traitée à Saint-Jean.

«Ma grand-mère en buvait tous les jours, et elle a vécu jusqu'à 106 ans !»

Ce soir-là, après le dîner, les hommes regardent un film de kung-fu tandis que le capitaine écluse une dernière bière. D'iceberg, forcément. Avec la fougue de la sincérité – mais faut-il y croire ? –, Ed Kean vante la pureté de cette eau vierge de toute pollution, consommée de tout temps par les habitants du coin et détentrice, selon lui, du secret de la longévité : «C'est la meilleure eau que Dieu ait créée. Ma grand-mère en buvait tous les jours, et elle a vécu jusqu'à 106 ans !» Puis, froissant sa cannette vide : «C'est un bon gadget, hein ? Business is business...» Le capitaine règne encore en maître incontesté sur «ses» icebergs mais redoute le jour où ces colosses de glace, incroyables réservoirs d'eau douce (voir encadré), seront au centre de toutes les convoitises. Il se dit conscient que déjà 1,6 milliard de personnes n'ont pas accès à l'eau potable, soit un cinquième de l'humanité. Et qu'avec le réchauffement climatique et les sécheresses à répétition, ce qui n'est encore qu'une fantaisie pour amateurs de cocktails chics pourrait un jour devenir un enjeu mondial et une source de conflits. Une guerre de l'or blanc où il ne sera plus question de lubie, mais bel et bien de survie. ■

Manon Quéroull-Bruneel

Retrouvez les chasseurs d'icebergs dans GEO 360° sur Arte, le 20 décembre à 19 h 55, à travers le documentaire de Julien Hamelin.

104 GEO

La charia sous

les tropiques

Maldives

RÉGIME POLITIQUE :
> coup d'État militaire en 2012, qui a renversé Mohamed dit Anni Nasheed, surnommé le Mandela des Maldives, au profit d'Abdulla Yameen Abdul Gayoom, accusé de rouler pour les islamistes.

RELIGION :
> aux Maldives, l'islam est religion d'État et la seule autorisée : 400 000 habitants, 100 % de musulmans, donc.

NOS ALLIÉS :
> notre fixeuse de choc,
> les opposants au régime – et ils sont nombreux.

NOS ADVERSAIRES :
> Jamiyyathul Salaf, une ONG islamiste. Mais on ne l'a découvert que sur la fin.

NOTRE BUDGET :
> pôle de dépense principal : le salaire de la fixeuse et les billets d'avion,
> hôtels : rien à moins de 100 euros.

INDISPENSABLES :
> pour une fois, un bikini !
> mais aussi des chemises longues et des robes informes pour ménager les susceptibilités islamistes.

LES MALDIVES
`DESTINATION :`
> Malé, la capitale au charme contestable.
`REPORTAGE :`
> lever le voile sur l'islam radical largement méconnu.

Comment nous sommes parties le bikini au fusil.

D'habitude, quand on part en reportage, on est auréolées d'un certain prestige. Ambiance « waouh ! les baroudeuses de l'extrême, respect ». Mais là, avec les Maldives, on fait un flop : « Ah ah, les planquées ! Dites plutôt que vous partez en vacances payées ». Sauf que derrière les cocotiers, se raconte une autre histoire que celle qui est vendue dans les dépliants touristiques... Et c'est bien évidemment celle-là qui nous intéresse – même si, pour être tout à fait honnêtes, on ne crache pas sur le charme des tropiques au cœur de l'hiver. N'écoutant que notre courage, nous partons le bikini au fusil gratter la carte postale. Raconter l'« enfer du décor », comme dit notre cher rédacteur en chef du *Figaro Magazine,* pas empoté de la formule.

La charia sous les tropiques

Tout s'annonce sous les **meilleurs auspices.** D'abord, nous avons obtenu deux commandes de deux magazines qui ne sont pas en concurrence : *Le Figaro Magazine* donc, pour un reportage sur la montée de l'islam radical, et *Marie Claire,* avec un angle « femme et charia sous les tropiques ». Ce qui, en ces temps de vaches maigres, permet aux rédactions de se répartir les frais de production. Et à nous, de nous affranchir de contraintes budgétaires pesantes au point qu'elles polluent parfois le reportage. Quand on se retrouve, par exemple, à traîner nos valises comme des galériennes dans le RER pour éviter de payer un taxi, à ne faire qu'un seul repas par jour parce qu'on a explosé le budget, ou encore à enquiller par souci d'économie trois escales pour finalement arriver rincées à destination. On ne veut pas faire

En grande discussion, dans une cage d'escalier style coupe-gorge, avec Zaheena, notre superfixeuse à Malé.

pleurer dans les chaumières, mais il faut bien le reconnaître : le temps béni où les grands reporters voyageaient en business class et vidaient les bars des grands hôtels est révolu (ou alors, on nous a eues). En ce qui nous concerne, on ne l'a même jamais connu. Devenues championnes du travail à l'économie par nécessité, je me souviens avoir dit que c'était sans doute pour le mieux et qu'on s'amollirait dans le confort. Que finalement, en chier un peu nous rendait plus performantes. Je retire tout et me renie sans état d'âme. C'est quand même pas mal de voyager sur une ligne régulière plutôt qu'à bord d'un low cost turc, ou de dormir dans un hôtel où l'on ose poser sa tête sur l'oreiller.

Surtout, cela permet de payer convenablement nos fixeurs sur place. Et aux Maldives, ces incontournables débroussailleurs d'histoires ne sont pas donnés. Dans les 200 dollars par jour, presque les tarifs pratiqués à Bagdad ! Raison invoquée : la dangerosité du sujet à couvrir, qui touche à la fois la politique et la religion, sur une île grande comme un placard, où tout se sait et rien ne reste longtemps caché. *Fair enough*. À la fin du sujet, nous partons. Eux restent. Grâce à l'impressionnant réseau Facebook de Véro, nous avons dégoté

> On passe du paradis aseptisé d'une île *resort* à l'enfer puant de l'île poubelle.

une fixeuse chaudement recommandée par des confrères. Un incroyable vivier de contacts pour les journalistes, ce FB. Même si, personnellement, je n'arrive pas à me résoudre à rejoindre la grande armée de Mark Zuckerberg. Et dois être parmi les dernières journalistes à miser sur le très vintage Copains d'avant pour réseauter... Comment préparait-on un sujet avant Internet ? Pour notre génération de reporters biberonnés à Twitter, le mystère reste entier. Mais aux Maldives, nous allons le constater à nos dépens, cette arme d'information massive est à double tranchant.

À nous le sable blanc et les cocotiers !

Pour l'heure, dans les premiers jours du reportage, tout roule. D'expérience, on le sait, ça finit par se payer. La fixeuse est très bien connectée, et les rencontres s'enchaînent à un rythme stakhanoviste auquel nous ne sommes guère habituées. Une interview avec le ministre du Tourisme demandée à l'arrache ? Accordée dans les plus brefs délais. Un ancien président qui tire à boulets rouges sur le pouvoir en place ? Exhaussées au-delà de toute espérance. Un supporter de l'État islamique qui accepte de témoigner ? Y a qu'à secouer le cocotier (sauf pour la photo : là, au grand désespoir de Véro, c'est toujours plus compliqué). Des interlocuteurs globalement coopératifs qui parlent couramment l'anglais, une problématique condensée sur un petit territoire facile à couvrir, une police secrète inexistante qui nous dispense des habituels subterfuges grossiers pour brouiller les pistes... Pour couronner le tout, une gastronomie tout à fait acceptable et une mer translucide bordée de sable blanc comme décor à nos pérégrinations. Bref, nous sommes à deux doigts d'exiger auprès des rédactions une affectation de six mois aux Maldives, nouveau *hot spot* du journalisme. Petite consolation aux frustrations maternelles, car pendant que certains nous soupçonnent de nous la couler

> Pensée émue pour ma fille, Ella, qui souffle sa première bougie sans moi.

douce au soleil (suivez nos regards vers les maris parfois lassés de jouer les femmes de marins), Véro est aux abonnés absents pour le premier anniversaire de sa fille (après avoir déjà raté les deux premiers de son aînée). Moi, je manque les premiers pas de la mienne, que je découvre brusquement bipède sur une vidéo qui me fait monter les larmes aux yeux. Autant de moments perdus à jamais au nom de la « cause ».

Tout allait (trop) bien, Madame la Marquise

Après avoir flotté sur un nuage d'autosatisfaction, les galères tombent en rafale et les contretemps s'accumulent. La famille d'un jeune djihadiste parti en Syrie que nous avions approchée ne souhaite finalement plus parler, après avoir reçu des menaces de mort. Quelques heures plus tard, c'est le témoignage d'une jeune femme condamnée à cent coups de fouet pour « fornication », qui tombe à l'eau. Elle a bien « fauté » et a été convoquée par le tribunal, mais n'a pas encore été jugée. Évidemment, en tant que femme et être humain doué d'un minimum de compassion, on s'en réjouit pour elle. Mais d'un point de vue strictement journalistique et au risque de passer pour d'horribles personnages, il faut avouer que ça ne nous arrange pas. Dissipons un malentendu récurrent entre reporters et profanes : non, nous ne nous repaissons pas des malheurs des autres. Non, nous ne nous roulons pas avec bonheur dans la guerre ou les horreurs que nous couvrons. Seulement, nous sommes en mission commandée. Nous avons un objectif à atteindre, une histoire à raconter, une démonstration à bâtir pour mieux informer. En l'occurrence, le tournant fondamentaliste amorcé aux Maldives dans un silence assourdissant.

L'envers de la carte postale

Sur le terrain, nous découvrons une réalité que nous étions loin de soupçonner. Il y a toujours le risque, quand nous partons traiter d'un sujet, que la situation ait été fantasmée avec la distance géographique, ou noircie par les médias pour être plus vendeuse. D'autant que nous nous rendons à Malé, la capitale, juste après la tuerie de *Charlie Hebdo*, dans un contexte de psychose généralisée autour du spectre de l'islam radical. Donc nous devons nous garder de tomber dans le cliché attendu des vilains barbus. Conscientes de l'écueil, nous hallucinons quand même devant le nombre de burqas intégrales dans les rues. Notre interview avec le ministre des Affaires islamiques, qui tente de faire passer son pays pour une terre de tolérance mais ne peut s'empêcher de nous agresser sur le mariage homosexuel célébré dans nos contrées « dépravées », nous laisse une drôle d'impression. Le lendemain, nous assistons médusées au prêche enflammé d'un cheikh charismatique, pourfendeur assumé de la démocratie, de l'idéologie occidentale, et du pauvre rappeur Akon, traité de « Nègre infidèle » devant une foule qui ne pipe mot. Au fil des interviews, on entend parler d'enlèvements, de passages à tabac et mêmes d'assassinats d'opposants par de petites frappes converties au salafisme. Les ONG donnent mille exemples d'un retour en arrière au nom d'un islam pur :

Le diable s'habille en burqa ? (pas sûre).

pratique de l'excision en hausse, mariages précoces, peine de mort pour les mineurs. On est en effet très, très loin de la carte postale. Sans pour autant tomber dans la comparaison tentante des Maldives avec l'Afghanistan, force est de reconnaître que c'est flippant.

Une fatwa de troisième génération

Une ONG islamique nous intrigue particulièrement : Jamiyyathul Salaf, très active en Syrie. Nous tentons désespérément d'en joindre son directeur. Après un harcèlement téléphonique en règle et une rafale de textos qui commencent par le brosser dans le sens du poil avant de le menacer d'une fort mauvaise publicité, le type nous envoie paître d'un lapidaire : « Je n'ai rien à vous dire ». Pas très urbain. La porte fermée, nous décidons de passer par la fenêtre et de nous rendre directement au siège de l'association. Nous y sommes accueillies par un grand escogriffe qui, nonobstant la grosse barbe qui lui mange le visage, est plutôt joli garçon. Un ancien chanteur populaire aux Maldives, nous glisse la fixeuse, récemment converti au salafisme. Il refuse poliment de répondre à nos questions, mais nous assure que quelqu'un va s'occuper de nous. En effet, ça n'a pas tardé. Dès le lendemain, nous découvrons effarées que l'association a envoyé un message sponsorisé qui permet, moyennant 100 dollars, d'atteindre tous les abonnés FB du pays, afin de mettre en garde contre des « prétendues journalistes qui cherchent à salir l'islam ». Et de conseiller aux « frères et sœurs des Maldives » de ne pas répondre à nos sollicitations. Si ça n'est pas une fatwa de troisième génération, ça y ressemble furieusement…

M.

La charia sous les tropiques

> Gare aux angles morts...

Discrète, tu seras

AVANT DE PARTIR

> Plusieurs fixeurs nous ont lâchées dès les premiers échanges par mail. Trop dangereux, disent-ils. D'avance, je sais qu'il va falloir se la jouer discrète. Prendre des photos ne sera pas une sinécure…

> Je potasse le mode d'emploi de ma GoPro, « caméra discrète », cadeau du Père Noël. Dans ma valise, avec mon maillot, je glisse aussi ma burqa achetée au Pakistan. On ne sait jamais, elle pourrait nous être utile.

SUR PLACE

> La première photo est toujours la plus difficile. Dès nos premiers pas dans le pays, je me fais violence pour sortir mon appareil de son sac. Je shoote un truc, n'importe quoi. Plus tôt je le fais, plus tôt je m'installe dans mes habits de photographe, et le travail peut commencer.

> Alors que je craignais le pire, les gens ne sont pas agressifs quand je mitraille. Même si beaucoup, trop à mon goût, refusent de se laisser tirer le portrait. Les wannabe djihadistes, un chef de gang, une famille salafiste, tout cela va manquer à ma galerie. Et pourtant, ce n'est pas faute d'avoir essayé.

> Parmi l'une de mes obsessions visuelles : une photo de la prière du vendredi.

> Notre fixeuse a catégoriquement refusé de nous accompagner. Alors, on y est allées toutes les deux, avec Manon. Je l'ai traînée une heure avant le début de la prière, sous une chape de plomb, faire la tournée des mosquées afin de repérer l'endroit pour une prise de vue idéale. En hauteur, un peu cachées pour ne pas être vues, ni gâcher leur prière. Comme des chasseurs à l'affût, mais en moins discret, puisque nous nous sommes fait repérer… À partir de ce moment-là, notre séjour sur l'île a commencé à se compliquer sérieusement…

V.

Pour les portraits des personnages officiels, toujours un peu rasoirs, j'ai essayé de jouer sur le contraste entre les différents acteurs. Les pragmatiques d'un côté, les islamistes purs et durs de l'autre.

Le ministre du Tourisme…

… et le ministre des Affaires islamiques.

Plage de locaux à Malé.

Plage pour touristes sur l'atoll de Raa.

Le sermon du cheikh Shameem, organisé par le ministère des Affaires islamisques, attire des milliers de fidèles.

Le gang de Petral. Les islamistes ont souvent recours aux petites frappes pour harceler les « infidèles ».

Ci-dessous. Les migrants se font confisquer leur passeport et passent dans l'illégalité sitôt arrivés. À la merci de leurs employeurs, ils travaillent dans des conditions inhumaines.

Ci-dessus. Un bateau-poubelle part pour l'île Thilafushi.
Ci-dessous. Hussein est arrivé il y a six ans du Bangladesh. Sans protection, il brûle les ordures.

Ci-dessus et page de droite. Lucas, un jeune activiste, et Iva, une députée démocrate, reçoivent régulièrement des menaces de mort sur leur téléphone portable. Ci-dessous. Toute la famille d'Ibrahim Ali est partie faire le djihad en Syrie. Il se retrouve seul chez lui.

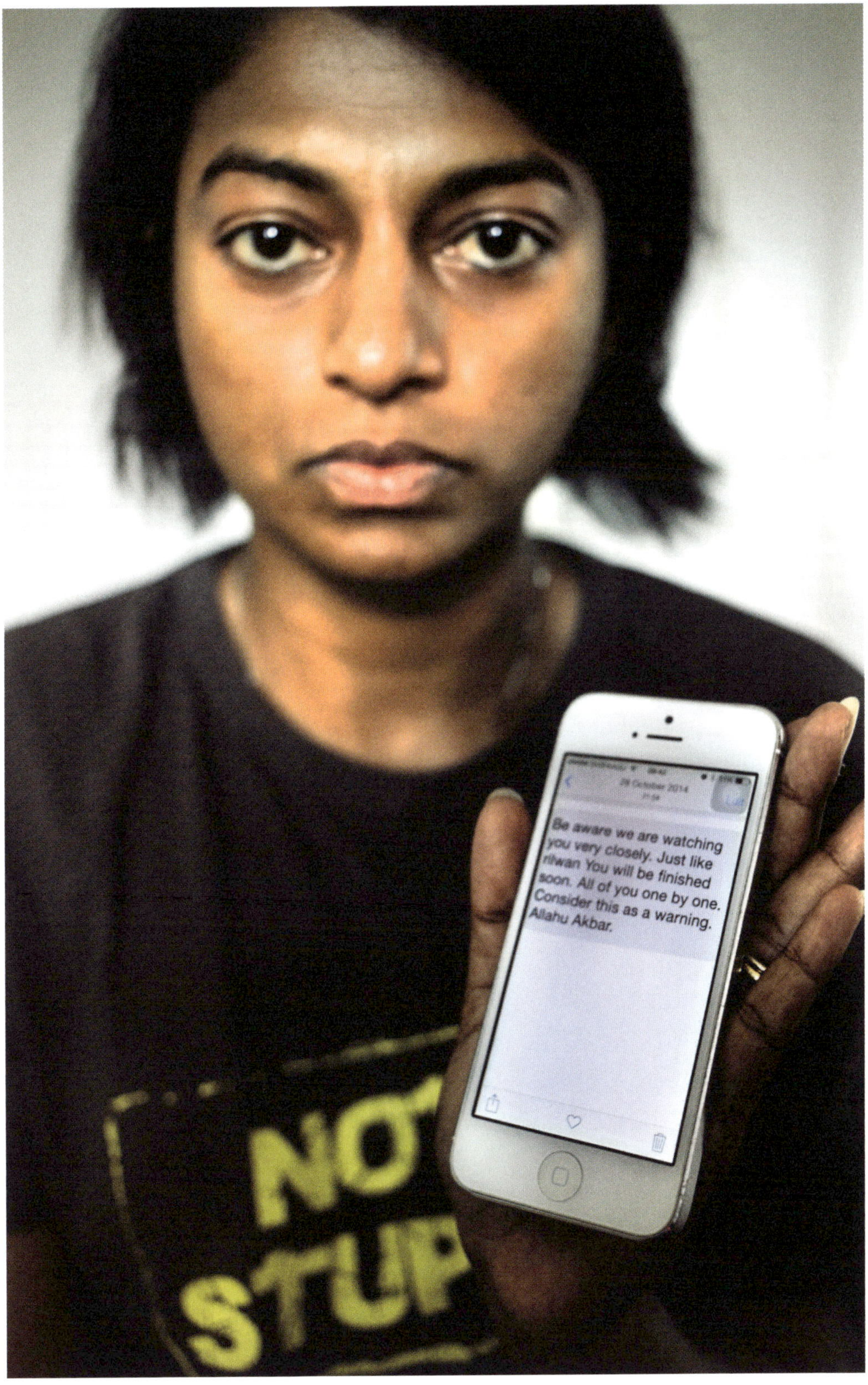
Be aware we are watching
you very closely. Just like
rilwan You will be finished
soon. All of you one by one.
Consider this as a warning.
Allahu Akbar.

Ashra a été mariée à un extrémiste et en a beaucoup souffert.

Maryam a été fouettée en public. Sa faute ? Être tombée enceinte sans être mariée.

S'IL N'EN RESTAIT QU'UNE...

Cette photo est très symbolique. Elle synthétise les contradictions des Maldives. La mère, maigre et sèche, porte un niqab austère, alors que sa petite fille, toute en rondeurs, s'amuse dans un maillot rose bonbon de princesse de Walt Disney. Le contraste est saisissant entre une génération et l'autre.
Et la rupture, brutale, entre l'enfance innocente et l'âge adulte qui vient envelopper les femmes de lourdes contraintes religieuses. Dans ce décor de carte postale, sur une eau turquoise, on ne voit qu'elle : une tache noire au paradis... **V.**

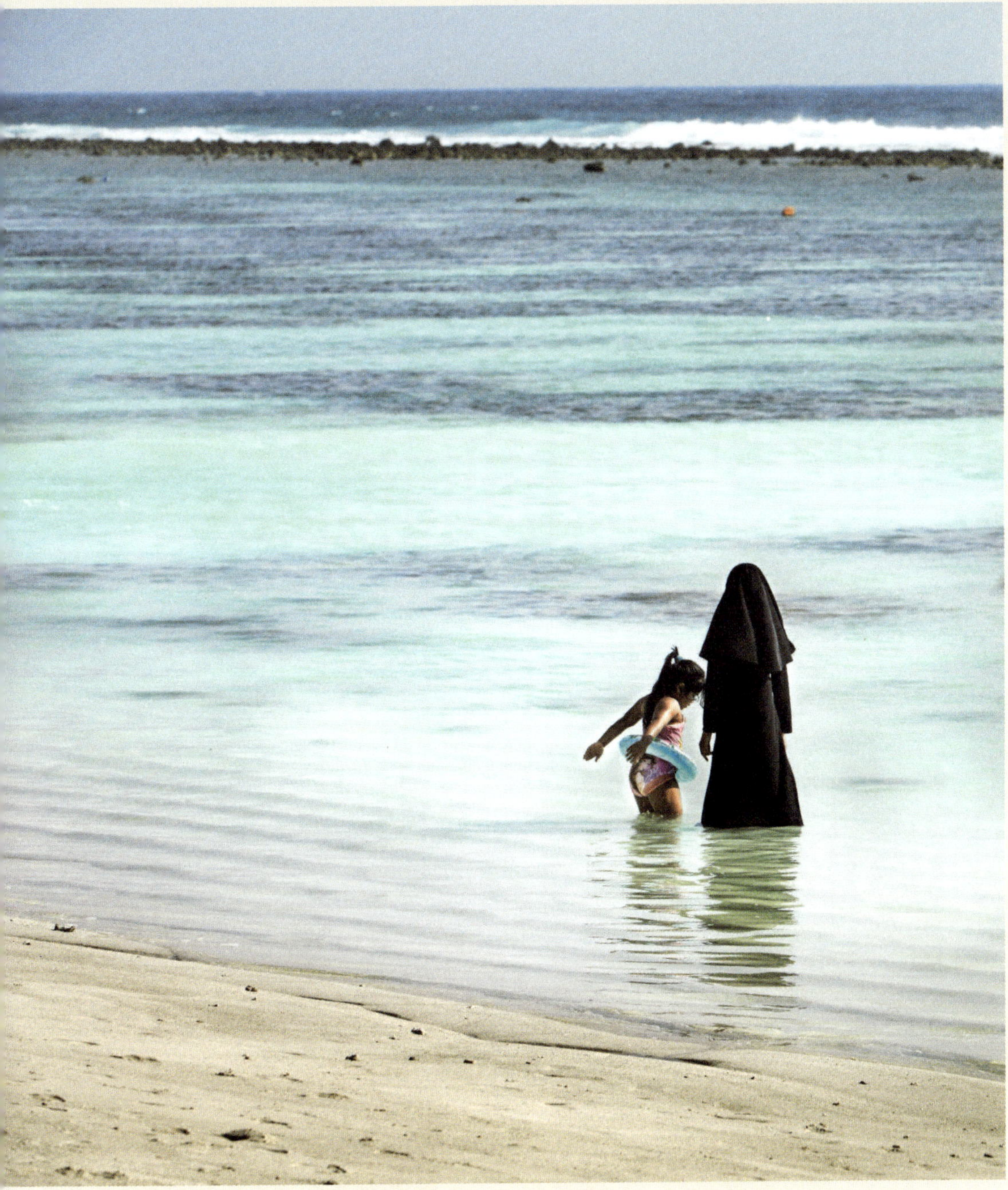

grand reportage

soleil voilé
SUR LES MALDIVES

Du sable blanc, de l'eau translucide, du calme, le paradis. Mais derrière ce cliché se cache une réalité effroyable : des Maldiviennes y sont fouettées pour des relations sexuelles hors mariage, les burqas se multiplient comme les menaces dictées par la charia. Voyage dans cet archipel où les intégristes musulmans veulent faire des femmes des ombres.

Par Manon Quérouil-Bruneel.
Photos Véronique de Viguerie.

---

grand reportage

Les Maldiviennes étaient plus libres il y a dix ans. Pour conserver leurs acquis et défendre la démocratie, des manifestations sont souvent organisées dans les rues de Malé.

Depuis quelques années, l'archipel a amorcé un virage radical. De plus en plus de Maldiviennes portent le voile intégral, jusque sur la plage.

Sur la plage d'Hulhumalé, une île à quelques minutes de la capitale, les bikinis sont strictement interdits. Tout comme les baisers.

Les sermons religieux qui brocardent l'Occident ont remplacé les concerts. Organisés par le ministère des Affaires islamiques une fois par mois à Malé, ils attirent les foules.

Soleil voilé sur les Maldives

Du sable blanc, de l'eau translucide, du calme, le paradis. Mais derrière ce cliché se cache une réalité effroyable : des Maldiviennes y sont fouettées pour des relations sexuelles hors mariage, les burqas se multiplient comme les menaces dictées par la charia. Voyage dans cet archipel où les intégristes musulmans veulent faire des femmes des ombres.

C'est un simple panneau d'affichage qu'on pourrait ne pas voir, au deuxième étage du modeste ministère de la Justice à Malé, la capitale des Maldives. Dans la liste des affaires présentées devant le tribunal ce jour, entre un vol avec violence et un outrage à agent de police, cette qualification comme échappée d'un autre temps : « fornication ». Comprendre : relations sexuelles hors mariage. Dans cet archipel de carte postale, régi par un mélange ambigu de code civil et de loi coranique, 97 femmes ont été flagellées pour ce motif l'an dernier. Pour Maryam[1], l'enfer s'est invité par la poste sous la forme d'une convocation, six mois après avoir accouché d'un enfant conçu accidentellement avec son petit ami. « J'avais vingt ans, j'étais amoureuse. Mais ici, ça n'excuse rien. Je savais ce qui m'attendait, et je savais aussi que je ne pourrais pas me dérober », confie la jeune femme aujourd'hui âgée de vingt-neuf ans. Le verdict tombe en deux temps : un an d'assignation à résidence pour elle, assorti d'un bannissement dans une île lointaine pour lui. Trois ans plus tard, le couple, entre-temps marié, est à nouveau convoqué devant la cour pénale, et condamné sur-le-champ à 100 coups de *dhurra*, sorte de fine batte de base-ball, administrés en public. De cette sinistre journée, Maryam commence par dire qu'elle a tout oublié. Puis, doucement, avec pudeur et courage, exhume des souvenirs qu'elle pensait taire à jamais : « Ils ont commencé par lui. J'attendais à l'étage, puis ils m'ont emmenée dans la cour et m'ont placée face à la rue. Face à ma honte. Je me souviens que le bourreau était petit et gros. Tous les 30 coups, il faisait une pause pour reprendre sa respiration. Rapidement, la douleur m'a comme anesthésiée. Je ne sentais plus rien, je ne voyais que mon mari qui hurlait et tremblait d'impuissance. »

Alors que tous les regards se sont récemment tournés vers l'Arabie saoudite où un blogueur a été condamné à 1 000 coups de fouet, ce châtiment régulièrement pratiqué dans un pays où se rendent chaque

1. Prénom modifié

année 1 million de touristes est passé sous silence. La barbarie sous les tropiques ? Mohamed Shaheem, le ministre des Affaires islamiques, se raidit sur son fauteuil. Au contraire, s'insurge-t-il, les Maldives sont un pays « à la fois 100 % musulman et 100 % respectueux des droits de l'homme ». Un modèle, même, de la « combinaison réussie entre modernité et charia », avance-t-il sans rire. C'est au nom de cette dernière que monsieur le ministre justifie d'un verset la flagellation, et qu'il plaide ardemment pour la peine de mort pour les mineurs coupables de crimes de sang. Votée en avril de l'année dernière, cette loi qui fixe l'âge de la responsabilité pénale à sept ans n'a pour l'instant pas été appliquée, mais symbolise le tournant radical amorcé dans l'archipel au cours de ces dernières années. Notamment à l'instigation d'érudits salafistes formés en Arabie saoudite, principaux bénéficiaires de la liberté d'expression concédée en 2005 par l'ancien président Maumoon Abdul Gayoom. Tirant profit d'une transition démocratique qu'ils combattent par ailleurs, ils prêchent désormais plus fort que tout le monde. Le ministère des Affaires islamiques leur offre même une tribune officielle, à l'occasion de sermons religieux organisés une fois par mois à Malé et retransmis sur les chaînes nationales.

Au micro ce soir-là, Adam Shameem, un cheikh charismatique engagé dans une ONG islamique et récemment revenu d'un « séjour humanitaire » en Syrie. Devant une foule captivée de plus d'un millier de personnes, dont près de la moitié de femmes drapées de noir et rassemblées du côté droit de l'estrade, il fustige l'« idéologie occidentale », accusée de pervertir la jeunesse maldivienne à coups de « sexe, drogue et rock and roll ». Dans son viseur, un concert organisé à Malé du rappeur Akon, traité de « Nègre infidèle ». Sa harangue durera deux heures, sans note et dans un silence de plomb, au cours desquelles il insistera également sur la nécessité de « familiariser les visiteurs étrangers avec l'islam ». Ce à quoi Aïcha, une jeune femme de trente-quatre ans intégralement voilée, s'emploie avec enthousiasme depuis quelques mois dans la grande mosquée de la capitale. En compagnie de deux autres volontaires dont on ne distingue que les yeux, elle accueille d'un ton enjoué les touristes de passage après leur séjour de rêve dans l'un des nombreux *resorts* que compte l'archipel. D'un geste maternel, Aïcha noue un foulard serré sous le menton des femmes, fait disparaître shorts et débardeurs sous un long manteau noir, et joue obligeamment les photographes pour immortaliser cette expérience « authentique », comme disent des Australiens ravis. À la sortie, les visiteurs sont gratifiés de friandises à la noix de coco et de dépliants religieux en anglais. Rose et fleuri, le prospectus consacré au voile islamique explique notamment que la burqa n'est « ni oppressive, ni antisociale ». « C'est la première question que les femmes me posent, justifie Aïcha, rompue à l'exercice.

Je leur rappelle que c'est un commandement d'Allah auquel nous choisissons librement de répondre pour nous rapprocher de Lui. » Et de conclure : « Notre job, c'est de délivrer le bon message. »

Longtemps interdit dans les espaces publics et administratifs, le voile intégral prospère depuis quelques années dans les rues de Malé et des îles alentours. À rebours de l'islam tolérant d'inspiration soufie longtemps pratiqué aux Maldives, les femmes tête nue sont aujourd'hui une minorité, coincée entre diktats religieux et pressions familiales. « Mon père ne m'adresserait plus la parole si je m'avisais de l'enlever », confie Ashra[2], vingt-cinq ans, en tirant sur le voile qui encadre strictement son visage poupon. « Depuis quelque temps, même le vernis à ongles est devenu impur, sous prétexte qu'il nous empêcherait de prier correctement ! » rapporte-t-elle, un peu sonnée. Aneesa Ahmed, activiste maldivienne de la vieille garde, ancienne ministre sous la présidence de Gayoom, dirige une ONG appelée Espoir pour les femmes – ce dont elle confie manquer de plus en plus. « Jusque dans les années 1990, personne ne se souciait de savoir comment les femmes devaient s'habiller, ni si elles devaient être accompagnées par un membre masculin de leur famille pour se déplacer d'une île à l'autre ! » Aujourd'hui, soupire-t-elle, l'injonction d'« être une bonne musulmane » est partout... Dans les dîners entre amis, où l'on épingle sur le ton de la plaisanterie les « musulmans du vendredi », jugés peu assidus à la prière. Dans l'habitacle des taxis où, rapportent plusieurs Maldiviennes dévoilées, des chauffeurs zélotes font résonner des prêches religieux à destination de leurs sœurs égarées. Sur la plage artificielle de Malé, où l'interdiction du bikini pousse des bancs de nageuses tout habillées dans les eaux turquoise. Curieuse vision que ces panneaux représentant un maillot deux-pièces barré, plantés sur une plage de sable blanc... « Je n'ose même plus faire mon jogging en short ! » soupire Iva Abdullah, trente-sept ans, l'une des 5 femmes députées sur les 85 membres que compte le Parlement. Élue du Parti démocratique des Maldives (MPD), le parti de gauche d'opposition, elle dit avoir parfois l'impression de jouer dans un mauvais film, confrontée à des adversaires qui n'hésitent pas à distribuer de grossiers photomontages la montrant seins nus, harcelée de textos quotidiens d'une violence inouïe. Comme celui-ci, qui a vrillé son cœur de jeune mère : « Nous allons faire en sorte que tu ne puisses plus jamais porter d'enfant. *Allah akbar* ! » Iva Abdullah paie le double prix de son engagement en tant que femme politique, et de ses mises en garde répétées contre les dangereuses concessions faites aux fondamentalistes. Qu'elle réitère chaque fois que nécessaire : « Parce que le gouvernement cherche à ménager ses alliés politiques, on est en train de faire un bond

2. Prénom modifié

en arrière. Si l'on n'y prend pas garde, demain, les Maldives seront un califat. »

Déjà, les signes d'un raidissement religieux se multiplient. Les ONG déployées sur le terrain constatent une recrudescence des mariages précoces dès l'âge de neuf ans, notamment dans les îles extérieures où les prêcheurs radicaux ont les coudées franches. Shahinda Ismail, la directrice du Réseau pour la démocratie des Maldives (MDN), rapporte également que dans ces régions isolées, une partie de la population refuse désormais de faire vacciner les enfants et que la pratique de l'excision serait en hausse. Sur sa page Facebook, le docteur Mohamed Iyaz Abdul Latheef, un influent érudit chargé de conseiller le ministère des Affaires islamiques en matière de jurisprudence coranique, en fait ouvertement l'apologie en la désignant comme une « obligation religieuse ».

Ce qui, dans un pays où l'islam est religion d'État, a tout d'un argument définitif. Une rhétorique implacable qui s'applique à toutes les libertés individuelles et menace d'ensevelir les cocotiers sous une chape d'obscurantisme. Loin de jouer les Cassandre, l'ancien président Mohamed Nasheed déposé lors d'un coup d'État militaire en 2012, juge « tout à fait plausible » le scénario catastrophe d'un nouvel Afghanistan sous les tropiques : « Les extrémistes sont à deux doigts de s'emparer du pouvoir. Ils ont déjà infiltré la police, l'armée et le gouvernement. Sans que personne ne s'en émeuve », s'indigne-t-il. Beaucoup misent en effet sur l'industrie du tourisme, dont l'archipel tire les deux tiers de ses revenus, comme un ultime rempart à la dérive fondamentaliste. Un attentisme dangereux car, loin des hôtels 4 étoiles, le paradis a déjà comme un goût d'enfer.

Soleil voilé sur les Maldives

MARIE CLAIRE, N° 753, AVRIL 2015

grand reportage

C'est un simple panneau d'affichage qu'on pourrait ne pas voir, au deuxième étage de la tendre minuscule de la Justice, à Malé, capitale de la République des Maldives. Dans la liste des affaires présentées devant le tribunal ce jour-là, entre un vol avec violence et un outrage à agent de police, cette qualification comme « échappée d'un autre temps » : « fornication ». Comme « relations sexuelles hors mariage ». Dans cet archipel de carte postale, régi par un mélange ambigu de Code civil et de loi coranique, quatre-vingt-dix-sept femmes ont été flagellées à ce motif l'an dernier. Pour Maryam, l'enfer c'est arrivé sur la porte sous la forme d'une convocation, six mois après avoir accouché d'un enfant conçu accidentellement avec son petit ami. « J'avais 20 ans, j'étais amoureuse. Mais, ici, ça n'excuse rien. Je savais ce qui m'attendait, et je savais aussi que je ne pourrais pas me défendre », confie la jeune femme aujourd'hui âgée de 25 ans. Le verdict tombe ce deux temps : un arrêt d'augmentation à résidence pour elle, assorti d'un bannissement dans une île lointaine pour lui. Trois ans plus tard, le couple, entre-temps marié, est à nouveau convoqué devant la cour pénale, et condamné sous le chargé à cent coups de « diuéres », sorte de fine batte de baseball, administrés en public. De cette sinistre journée, Maryam commence par dire qu'elle a tout oublié. Puis, doucement, avec pudeur et courage, exhume des souvenirs qu'elle promit taire à jamais : « Ils ont commencé par toi, j'attendais à l'étage, puis ils m'ont emmenée dans la cour et m'ont placée face à la vie. Face à ma honte. Je me souviens que le bourreau était petit et gros. Tous les trente coups, il faisait une pause pour reprendre sa respiration. Rapidement, la douleur m'a comme anesthésiée. Je ne savais plus rien, je ne voyais que mon mari qui hurlait et tremblait d'impuissance. » Alors que tous les regards se sont récemment tournés vers l'Arabie saoudite, où un blogueur a été condamné à mille coups de fouet, ce châtiment, régulièrement pratiqué dans un pays où se rendent chaque année un million de touristes, est passé sous silence. La barbarie sous les tropiques ? Mohamed Shaheem, ministre des Affaires islamiques, se raidit sur son fauteuil. Au contraire, s'insurge-t-il, les Maldives sont un pays « à la fois 100 % musulman et 100 % respectueux des droits de l'homme ». Un modèle, même, de la « combinaison réussie entre modernité et charia », avance-t-il sans rire. C'est au nom de cette doctrine que le ministre justifie d'un revers la flagellation, et qu'il plaide ardemment pour la peine de mort pour les mineurs coupables de crimes de sang. Voté en avril de l'année dernière, cette loi qui fixe l'âge de la responsabilité pénale à 7 ans n'a pour l'instant pas été appliquée, mais symbolise le tournant radical amorcé dans l'archipel au cours de ces dernières années. Notamment à l'instigation d'érudits islamistes formés en Arabie saoudite, principaux bénéficiaires de la liberté d'expression concédée en 2005 par l'ancien président Abdul Gayoom. Tirant profit d'une transition démocratique qu'ils combattent pareillement, ils peuvent désormais plus fort que tout le monde. Le ministère des Affaires islamiques leur offre même une tribune officielle à l'occasion de sermons religieux organisés une fois par mois à Malé et retransmis sur les chaînes nationales.

DES STANDS DE BURQAS POUR LES TOURISTES

Au micro ce soir-là, Adam Shareem, cheikh charismatique engagé dans une ONG islamique et récemment revenu d'un « séjour humanitaire » en Syrie. Devant une foule captive de plus d'un millier de personnes, dont près de la moitié de femmes drapées de noir et rassemblées du côté droit de l'estrade, il fustige « l'idéologie occidentale », accusée de pervertir la jeunesse maldivienne à coups de « sexe, drogue et rock-and-roll ».

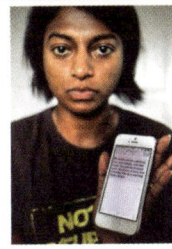

IVA ABDULLAH (CI-CONTRE), PARLEMENTAIRE : « JE N'OSE PLUS FAIRE MON JOGGING EN SHORT. TOUS LES JOURS, JE REÇOIS DES MENACES DE MORT MÊME SUR MON TÉLÉPHONE. »

---

grand reportage

AHSRA (CI-DESSUS), 25 ANS : « DEPUIS QUELQUE TEMPS, METTRE LE VERNIS À ONGLES EST DEVENU IMPUR, SOUS PRÉTEXTE QU'IL NOUS EMPÊCHERAIT DE PRIER CORRECTEMENT. »

Dans son visage, un concert organisé à Malé du rappeur Akon, taxée de « négre infidèle ». Sa harangue dimens deux heures, sans note et dans un silence de plomb, au cours duquel il fustiuma également sur la nécessité de « familiariser les visiteurs étrangers avec l'islam ». Ce à quoi Aicha, jeune femme de 34 ans indignement voilée, s'emploie avec enthousiasme depuis quelques mois dans la grande île-requin de la capitale. En compagnie de deux soeurs volontaires dont on ne distingue que les yeux, elle accueille d'un ton enjoué les touristes de passage, après un séjour de dix-deux un des combinées complètes bibelotes que compte l'archipel. D'un geste maternel, Aicha nous un foulard noué sur la maison des femmes, fait d'ajuster le shorts et débardeurs sous un long manteau noir et crée obligatoirement le photographes sur ton trotable cette explication « authentique », disant un groupe d'Australiens ravis. À la sortie, les visiteurs sont gratifiés de fraudules à la noix de coco et de déplains religieux en anglais. Roses et faux, celui-ci veut que le voile islamique emplique excarramenent que le burqa n'est « pas oppressive ni secondaire ». « C'est la première question que les femmes me posent », justifie Aicha, comprise l'exercice. « Je leur rappelle que c'est un commandement d'Allah auquel nous choisissons librement de répondre pour nous rapprocher de lui. » Et conclut : « Notre job, c'est de délivrer le bon message. »

L'organe interdit dans les aspects publics et administratifs, le voile intégral prospère depuis quelques années dans les rues de Malé et des îles alentours. Alors que l'Etat a tolérance d'inspiration sociale fut longtemps partagée aux Maldives, les femmes tiétines des étaient aujourd'hui une minorité, coincée entre détours religieux et pressions de toute sorte. « Mon père ne m'adressait plus la parole si je ne réclamais de l'enlever », confie Ahsra, 25 ans, en tirant sur le voile qui encadre strictement son visage poupin. « Depuis quelque temps, même le vernis à ongles est devenu impur, sous prétexte qu'il nous empêcherait de prier

« LES EXTRÉMISTES SONT À DEUX DOIGTS DE S'EMPARER DU POUVOIR, SANS QUE PERSONNE NE S'EN ÉMEUVE. »
MOHAMED NASHEED, EX-PRÉSIDENT DE LA RÉPUBLIQUE DES MALDIVES

correctement. », rapporte-t-elle, un peu sonnée. Ameen Mohsin, activiste maldivienne de la vieille garde, ancienne ministre sous la présidence de Gayoom, dirige une ONG appelée Espoir pour les femmes. Espoir, ce dont elle confie manquer de plus en plus. « Jusqu'à dans les années 90, personne ne se souciait de savoir comment les femmes s'habillaient, ni si elles devaient être accompagnées d'un ministre masculin de leur famille pour se déplacer d'une île à l'autre », Aujourd'hui, soupire-t-elle, l'injonction à « être une bonne musulmane » est partout… Dans les dîners entre amis, où on épingle sur le sari de la plaisanterie les « musulmanes du vendredi », jugées peu assidues à la prière. Dans l'habitacle des taxis où, importent plusieurs Maldiviens dévoilées, des chauffeurs refusent tour de prendre des riches religieux à destination de leurs soirées égarés. Sur la plage artificielle de Malé, où l'interdiction du bikini pousse des baies de naguère tout habillées dans les eaux turquoises. Curieuse vision que ces panneaux représentant un maillot de deux pièces barré, plantés sur une plage de sable blanc…

SUR FACEBOOK, UN DOCTEUR PRO-EXCISION

« Je n'ose même plus faire mon jogging en short », soupire Iva Abdullah, 37 ans, une des cinq femmes députées sur les quatre-vingt-cinq membres que compte le Parlement. Elue du Parti démocratique des Maldives, parti de gauche d'opposition, elle dit avoir pagaille l'agression de jouer dans un mauvais film, confrontée à des adversaires qui n'hésitent pas distribuer des photomontages la montrant seins nus, harcelée de SMS quotidiens d'une violence inouïe. Comme celui-ci, qui a valu son courroux jeudi matin : « Nous allons faire en sorte que tu ne puisses plus jamais porter d'enfant, Allahou akbar ! » Iva Abdullah paie le double prix de son engagement en tant que femme politique, et de ses mises en garde répétées contre les dangereuses concessions faites aux fondamentalistes. Et qu'elle réitère chaque fois que nécessaire : « Parce que le gouvernement cherche à ménager ses alliés politiques, on est en train de faire un travail en arrière. Si on n'y prend pas garde, demain, les Maldives seront un califat… »

Déjà, les signes d'un raidissement religieux se multiplient. Les ONG déployées sur le terrain constatent une recrudescence des mariages précoces (à l'âge de 9 ans, notamment dans les îles extérieures, où les prêcheurs radicaux ont les coudées franches). Shahinda Ismail, directrice du Réseau pour la défense des Maldives, rapporte également que dans ces régions isolées, une partie de la population refuse désormais de faire vacciner les enfants et que la pratique de l'excision serait en hausse. Sur sa page Facebook, le docteur Mohamed Iyas, influent érudit chargé de conseiller le ministère des Affaires islamiques en matière de jurisprudence coranique, en fait ouvertement l'apologie et la défend comme une « obligation religieuse ». Ce qui, dans un pays où l'islam est religion d'État, a tout d'un argument définitif. Une rhétorique implacable qui s'applique à toutes les libertés individuelles et menace d'ensevelir les rocotiers sous une chape d'obscurantisme. Loin de jouer les Cassandre, l'ancien président Mohamed Nasheed, destitué lors d'un coup d'État militaire en 2012, juge « tout à fait plausible » le scénario catastrophe d'un Afghanistan sous les tropiques. « Les extrémistes sont à deux doigts de s'emparer du pouvoir, on est déjà infiltrés la police, l'armée et le gouvernement. Sans que personne ne s'en émeuve…. » Beaucoup misent en effet sur l'industrie du tourisme, dont l'archipel tire les deux tiers de ses revenus, comme ultime rempart à la dérive fondamentaliste. Un argument dangereux car, loin des hôtels quatre étoiles, le paradis a déjà comme un goût d'enfer.

169

À la recherche du

soldat William

LE KURDISTAN EN CHIFFRES ET EN LETTRES :
> 3 lettres : YPG, qui désignent les milices kurdes syriennes (Unités de protection du peuple), incontournables pour espérer travailler dans la région,
> 16 000 étrangers dans les rangs de l'État islamique, à peine 150 aux côtés des Kurdes,
> plus de 200 000 morts depuis le début des combats en Syrie, dont 12 journalistes tués dans l'exercice de leurs fonctions.

NOS ALLIÉS :
> l'ancien *marine* devenu l'ami Facebook de Véro,
> la reine B., au cœur de la *kurd connexion*,
> notre genre, assurément un atout auprès des bidasses.

NOS ADVERSAIRES :
> le responsable de la presse des YPG, gentil mais *control freak*,
> les méchants snipers embusqués sur les toits,
> le temps concédé sur la ligne de front, dérisoire pour mettre la guerre en mots et en images.

NOTRE BUDGET :
> des billets d'avion pas donnés, puisque pris la veille pour le lendemain,
> mais sur place, tout est gratuit : les YPG prennent à leur charge l'hébergement, la nourriture et le transport des journalistes. Évidemment, on a payé. On ne fait pas de publireportage.

INDISPENSABLES :
> des sacs de couchage pour s'échapper de la maison de la presse,
> une bouteille de vin et une cartouche de clopes pour amadouer le soldat William,
> des boules Quiès pour survivre aux ronflements de la consœur italienne.

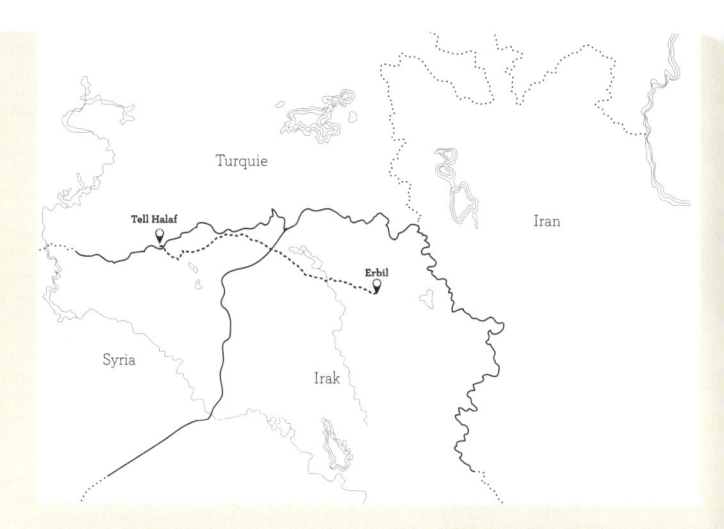

Séance de brainstorming par Skype entre Paris et Carcassonne, où Véro s'est installée. Nos conf' de presse à nous.

SYRIE

`DESTINATION :`
> l'enclave kurde du Rojava en Syrie.

`REPORTAGE :`
> rencontrer le seul soldat français engagé aux côtés des forces kurdes.

On l'avait juré, promis : nous n'irions pas en Syrie.

Trop dangereux, trop incertain. Bon, on s'est dédites. Il faut avouer que ce sujet, c'est un rêve de journaliste à faire voler nos belles promesses de se ranger de la guerre. Une histoire différente, excitante, avec, si tout se passe comme prévu, un joli scoop à la clé. Les médias ont beaucoup parlé de ces milliers d'étrangers partis faire le djihad, mais nettement moins de la centaine d'Occidentaux qui les combattent aux côtés des forces kurdes. Des engagés volontaires, écœurés de l'avancée sanglante de l'État islamique, qui ont tout quitté pour risquer leur peau dans cet Orient compliqué. Nous avons, l'une et l'autre, des avis divergents sur cette démarche déroutante. Véro, à l'âme romantique, y voit un engagement héroïque et désintéressé, quand je suis plus circonspecte sur le bien-fondé d'aller faire justice soi-même. L'avantage, c'est que personne ne nous demande notre avis. Juste de leur mettre le grappin dessus – ce qui suffit largement à nous occuper pendant les semaines qui précèdent notre départ.

Remonter la trace de ces **combattants étrangers** commence par une montagne de bureaucratie, qui a bien failli avoir raison de notre motivation. Des dizaines de mails, de coups de téléphone, de contacts à récupérer pour, dans l'ordre : 1° identifier la zone où nous aurions le plus de chances de trouver nos sujets – hors de Kobané, devenu inaccessible depuis que la Turquie a verrouillé sa frontière ; 2° sortir du Kurdistan irakien par lequel nous devons obligatoirement passer pour gagner le Rojava (le Kurdistan syrien), sachant que les deux Kurdistan ne travaillent pas exactement main dans la main ; 3° être accréditées par les très procédurières YPG, les milices kurdes syriennes proches du Parti des travailleurs du Kurdistan (PKK), afin de pouvoir travailler sans encombre et localiser nos cibles, lesquelles sont déployées en différents endroits de la ligne de front. Heureusement, la reine B., notre précieux contact qui avait déjà fait des miracles lors de notre précédent reportage sur les amazones du Kurdistan, nous arrange une fois encore le coup à la dernière minute.

Emmitouflées dans nos duvets, on squatte une chambre d'enfants dans une maison saisie à un supporter de Daech.

La guerre, oui, mais des nerfs

Après plusieurs faux départs, nous prenons nos vols la veille pour le lendemain, et écopons d'un douloureux low cost turc avec deux escales et des débarquements en bus. Arrivées

> L'incontournable photo souvenir avant de se séparer. On recroise rarement nos sujets de reportage.

sur les rotules à Erbil, nous grattons deux petites heures de sommeil et une douche. Et c'est reparti pour quatre heures de voiture en vue de rallier la frontière, avec, de part et d'autre, double ration de bureaucratie. L'arrivée en Syrie se fait par le Tigre, à bord d'une petite barque rouillée où s'entassent des familles et des gamins pas plus grands que les nôtres qui, eux, n'ont jamais connu que la guerre. Sur l'autre rive, nous sommes prises en charge par l'équipe média des YPG qui nous conduit gentiment jusqu'à notre cage dorée. Sur place, nous découvrons que nous sommes dépendantes de l'organisation pour nos déplacements, notre hébergement – puisqu'il n'y a pas d'hôtels dans le coin mais une maison de la presse où sont confinés les journalistes pour raisons de sécurité... – et jusqu'au choix du traducteur, largement suggéré par les YPG dans un souci de bien faire, évidemment. Tout est balisé, verrouillé, mais à l'inverse, quand il s'agit de nous aider à identifier les bases où se trouvent des soldats étrangers, ça devient tout de suite beaucoup plus compliqué. Heureusement, la star de Facebook a encore frappé : depuis des semaines, Véro échange avec un ancien *marine* déployé au Rojava, qui lui a assuré combattre aux côtés d'un Français. Ô joie !

On a trouvé le soldat William

Dès le lendemain de notre arrivée, nous partons à leur rencontre dans une base avancée, près de la frontière turque, traînant dans notre sillage un traducteur et un responsable de la presse pas franchement motivés. On a la boule au ventre : de ce mystérieux Français dépend en grande partie la réussite de notre sujet. Dans la voiture qui file à travers la campagne syrienne, on joue à se faire peur : et si ce n'était pas un Français, mais un Canadien francophone (ce qui, pour les *rednecks*, est à peu près la même chose, mais pour nous, pas franchement le deal avec *Paris-Match*...) ? Et s'il refusait de nous parler et de se laisser photographier ? Et s'il était mauvais client ? Dès les cinq premières minutes de notre rencontre, le soldat William dissipe nos craintes. Un type normal, pas barbouze ni paumé, gentil, bien élevé, avec un discours structuré. Heureux de voir des compatriotes, qui plus est équipées d'une cartouche de Marlboro et d'une bouteille de vin trimballée depuis Paris afin de créer les circonstances propices à une belle rencontre. Non, le problème vient à nouveau des incontournables YPG, et de leurs responsables qui refusent de nous laisser aller sur la ligne de front. On a beau leur expliquer qu'on ne raconte pas la guerre avec des photos de types qui boivent le thé, nous n'obtenons qu'une demi-heure, montre en main, pour restituer un peu d'atmosphère anxiogène.

En planque, dans un palace

Le responsable des médias nous répète sur tous les tons que c'est dangereux, qu'il y a des snipers en embuscade et que nous devons rentrer dare-dare à la maison de la presse. Nous savons qu'une fois rapatriées là-bas, nous n'aurons plus aucune chance d'avoir de l'action. Nous faisons des pieds et des mains

Même en affichant un soutien de circonstance à la cause kurde, impossible d'arracher l'autorisation de passer la nuit sur le front…

pour dormir sur le front avec nos nouveaux amis, mais le général en charge de la base reste inflexible. Nous nous rabattons sur la maison d'un commandant à quelques kilomètres de la base, espérant être à distance raisonnable pour accourir en cas de grabuge. On se retrouve seules dans un palace vide et gelé, propriété réquisitionnée d'un supporter de l'État islamique, avec rien d'autre que nos duvets et un paquet de clopes. Comme la soirée s'annonce très longue, on s'endort sans remords à dix-neuf heures. Quelques heures plus tard, nous sommes tirées du sommeil par une grosse voix qui parle avec un fort accent américain. On se précipite et tombe nez à nez avec un colosse pas commode, qui nous tourne le dos en grognant : « Ras-le-bol-de-ces-cons-de-journalistes-qui-posent-toujours-la-même-question-con-sur-pourquoi-on-est-là. » Oui, bah, justement, puisqu'on en parle, pourquoi vous êtes là, Monsieur ? Ça le fait presque sourire, et il accepte de nous parler, nous présentant même son copain Hans, un combattant allemand à l'évidence ravi de cette présence féminine inattendue quoique odorante (nous avons dormi tout habillées dans nos duvets qui ont fait Cocottes-Minute).

Le Brad Pitt du Kurdistan n'a pas volé son surnom. Un canon.

De l'avantage d'être des femmes dans la guerre

Si on avait voulu convaincre d'éventuels sceptiques du bien-fondé de notre présence, en tant que binôme féminin, sur ce genre de théâtre d'opérations, on n'aurait pu trouver meilleur exemple que ce reportage, énormément facilité par l'envie, chez nos interlocuteurs masculins, de nous faire plaisir. On ne se prostitue pas pour un sujet, bien sûr. Mais si être blondes et sourire peut aider, ma foi, on ne va pas s'en priver. Le problème, en Syrie, c'est que la stratégie commence à être éventée. Nous n'avons jamais croisé autant de consœurs, avec lesquelles nous nous retrouvons à devoir cohabiter dans le dortoir bondé de la maison de la presse. Une expérimentation *in vivo* de la vie communautaire et de l'esprit de camaraderie chers aux YPG qui ne nous a pas franchement convaincues. Entre l'Italienne qui ronfle comme un sonneur, sa copine qui se lève quatre fois par nuit pour soulager sa petite vessie, et celle qui se couche bruyamment à quatre heures du matin quand on se lève à six, cette internationale journaleuse nous a laissé un goût amer. En fait, c'est vexant d'être au même endroit que toutes les autres. Le sentiment désagréable d'emprunter la grande autoroute du reportage, avec la pression de se démarquer et la crainte de voir notre sujet éventé. Bref, pas notre métier comme on l'aime et on le pense, seules et en roue libre.

Le Brad Pitt du Kurdistan

Après une dernière mauvaise nuit à maudire nos camarades de chambrée, on décide de mettre les bouchées doubles. À ce stade, nous avons quatre étrangers dans notre escarcelle, auxquels nous souhaitons ajouter un jeune Roumain qui aurait fait l'école buissonnière pour venir en découdre avec les djihadistes. Le profil nous semble porteur, tout comme celui

> Dépoussiérage sommaire après une courte nuit.

du Brad Pitt du Kurdistan, puisque c'est ainsi que ses petits camarades l'ont surnommé : un beau sniper américain devenu l'égérie de la cause kurde. En chemin vers sa base, on croise des camions remplis de familles qui fuient les combats, avec toute leur maison sur le dos. À moins d'un kilomètre, on aperçoit une fumée noire qui serait, d'après notre traducteur, un stratagème de Daech pour détourner les frappes aériennes. Là, on ne peut s'empêcher de se demander si ce n'est pas l'interview de trop. La chasse aux scoops, oui, mais à quoi bon si on n'en revient pas pour se faire tresser des lauriers ? À notre descente de voiture, un petit « baissez la tête et courez, y a des snipers en embuscade » achève de nous mettre à l'aise. Nous apprenons que c'est précisément sur ce tronçon du front qu'Ivana, seule femme martyre étrangère, a perdu la vie. Nous nous efforçons de n'y voir aucun présage. Quand enfin, on débusque Brad Pitt, on se dit que le jeu en valait bien la chandelle. Le mec est une bombe, sans mauvais jeu de mots. Tellement beau qu'on le suit les yeux fermés sur le toit d'une école. En quelques secondes, on se retrouve prises pour cibles par un sniper. Ça canarde sec. Véro en perd un bout d'objectif ; moi, mes lunettes et ma superbe, à bondir comme une grenouille affolée sous le regard blasé de Brad. En repartant, on a les jambes qui flageolent et le souffle court. Mais aussi, il faut bien le reconnaître, l'excitation de deux gamines qui viennent de réussir un mauvais coup. Une décharge d'adrénaline qui n'existe que sur les champs de bataille et qui, l'espace d'un instant, fait oublier tout le reste. Au cœur de la guerre, on se sent paradoxalement bien vivantes. Et même doublement, puisque le lendemain de cette grosse frayeur, je découvrais que j'étais enceinte...

M.

Deadline pour le rendu du sujet dans vingt-quatre heures. Pas de temps à perdre. On bosse par terre entre deux rendez-vous.

L'éternelle quête du héros

AVANT DE PARTIR

> Nous avons rendez-vous avec *Paris-Match*. Dans le bureau du rédacteur en chef, je fais ce qu'il ne faut jamais faire. Sous le regard circonspect de ma coéquipière, je vends la peau de l'ours avant de l'avoir tué. Je m'enflamme :
> « Nous avons un supersujet : les nouveaux croisés qui se battent contre Daech aux côtés des Kurdes.
> — Il y a un Français ?
> — Oui, d'ailleurs, nous sommes déjà en contact avec lui. Il nous attend.
> — Super, vous partez quand ?
> — Euh...! La semaine prochaine ? »
> *Alea jacta est.*

> J'en suis malade d'anxiété. Odieuse à la maison, je cherche frénétiquement à entrer en contact avec certains combattants *via* Facebook. Je scrute les photos, les posts, repère des noms, envoie des dizaines de demandes d'ajout à des listes d'amis. Je navigue sur les profils. J'ai l'impression de les connaître. Tandis qu'eux m'ignorent. Un jour, miracle, je décroche une réponse. Les portes commencent à s'ouvrir jusqu'à ce message lapidaire : « *I know a French one. Call me.* » J'ai les mains qui tremblent en composant le numéro syrien. C'est Josh. Il confirme, il est en ce moment même avec un Français. Il est OK pour nous voir. J'ai envie de lui baiser les pieds.

SUR PLACE

> Première frustration : la voiture qui sera la nôtre pendant tout le reportage est un minivan dont les fenêtres ne s'ouvrent pas. Je suis condamnée à regarder défiler des paysages magnifiques sans les capturer. Les doigts me démangent.

> Deuxième contrariété : j'avais rêvé d'un Bruce Willis à la française. Une vraie gueule, des muscles qui débordent de l'uniforme et, pourquoi pas, des tatouages. Mais William est Monsieur Tout le Monde. Désespérément normal. Manon est ravie, il casse les mythes, ça rend le personnage plus profond.

> Un espoir : heureusement, il y en a un qui tient toutes ses promesses, c'est le Brad Pitt du Kurdistan. Beau à affoler l'objectif. Et encore plus sous une pluie de balles. Obligée de me plaquer au sol pour éviter de me faire trouer la peau par un sniper, je ne vois plus que le dos du beau Brad. Je sais déjà qu'en photo, ça ne rendra pas la tension que je ressens. J'en claque une et switche en mode vidéo. Ce sera super pour le site Web de *Paris-Match*.

> Une dernière désillusion : comme nous n'avons ni gilet pare-balles ni casque, *Paris-Match* nous coupe au montage.

V.

Hans nettoie son arme après une nuit en opération.

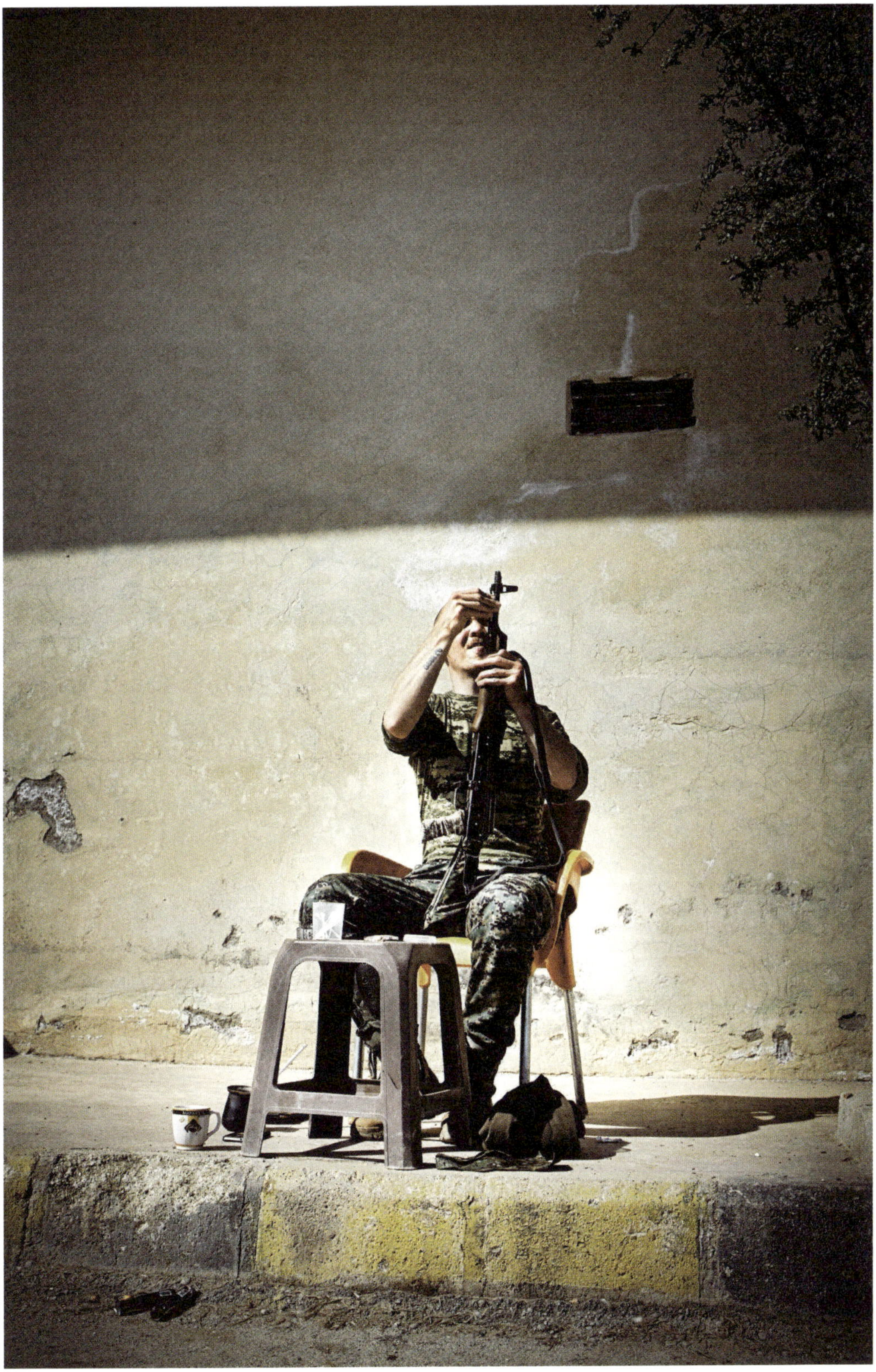

William, Dragos et Josh.

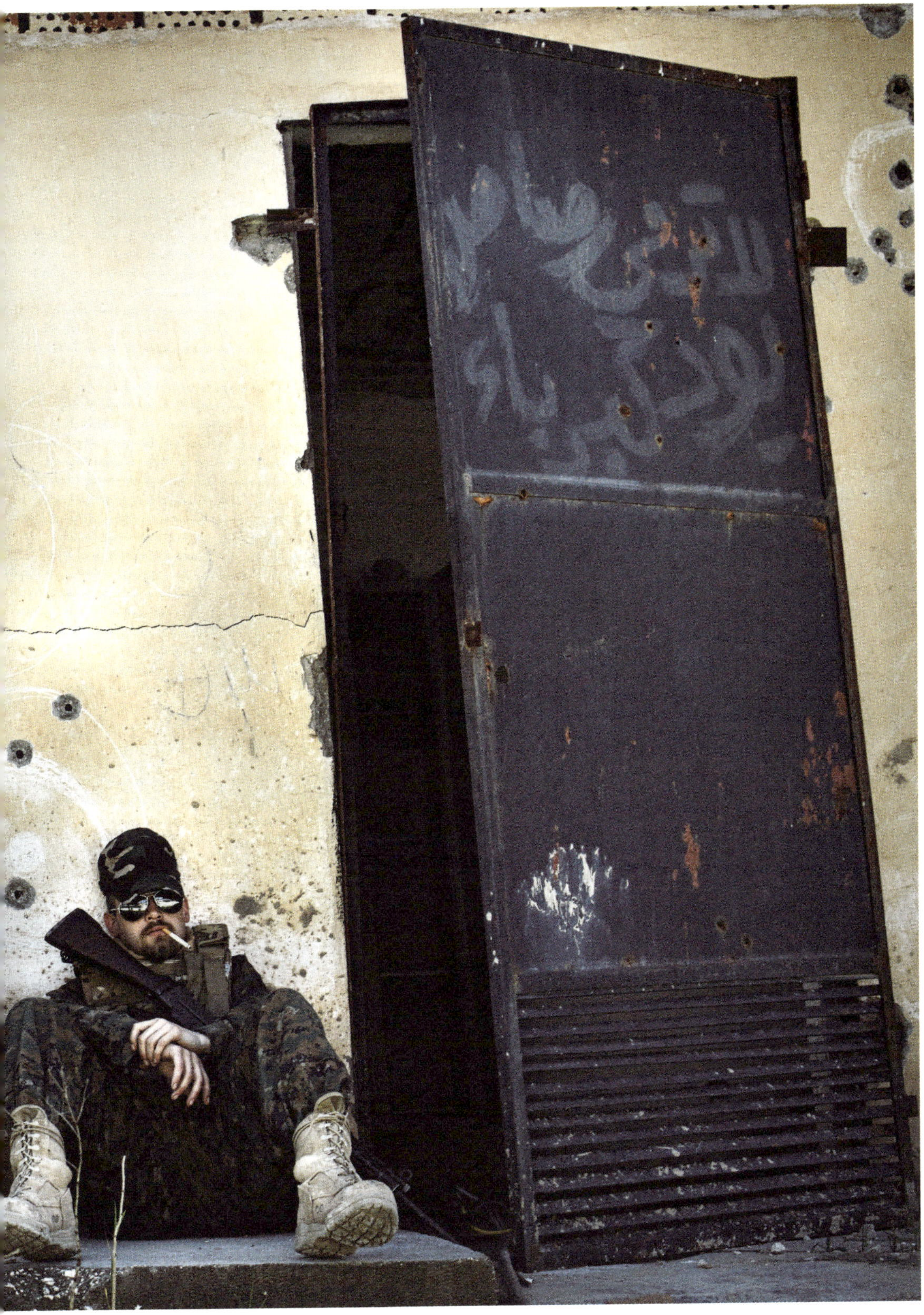

Ci-dessus. Josh et son bébé.
Ci-dessous. Repas partagé avec d'autres soldats kurdes des YPG.

Ci-dessus. Josh et William sur la ligne de front.

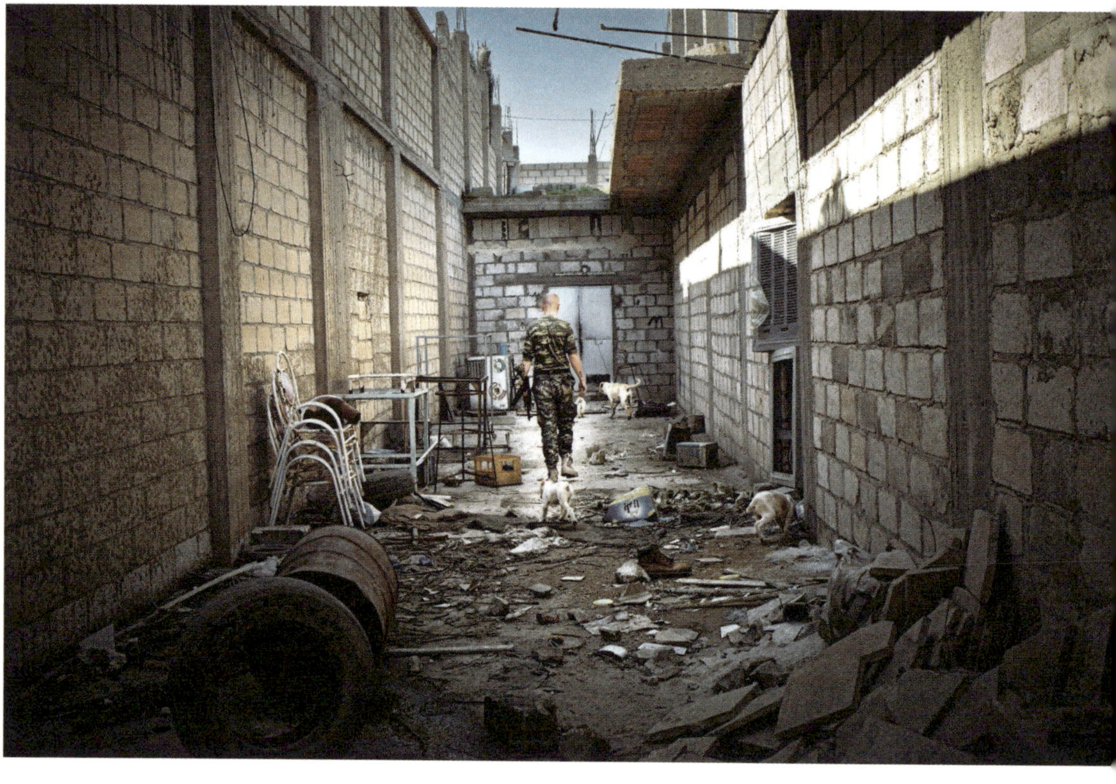

Salle de sport improvisée.

Ci-dessous. Des centaines de derricks à l'abandon jalonnent le Kurdistan syrien.

S'IL N'EN RESTAIT QU'UNE...

William et Josh sont sur une ligne de front, à quelques centaines de mètres à peine des positions de Daech. J'ai fait d'autres photos, sur les différentes lignes de front, qui sont moins réussies, alors que nous étions sous le feu des ennemis dans des situations beaucoup plus dangereuses.

Il manque le son dans ces photos. Dans une vidéo, le claquement des balles, les cris des hommes, les bruits et les silences suffisent à nous plonger dans l'ambiance. L'image fixe, elle, reste muette. Elle doit user de détails pour transcrire les lumières blafardes, les murs maculés de trous de balles, les expressions dures, les gestes tendus... Si un seul détail va à l'encontre de l'univers recherché, comme une lumière douce, un sourire mal placé ou des couleurs trop gaies, l'image perd son caractère effrayant. Elle est foutue. **V.**

LES BRIGADES INTERNATIONALES CONTRE DAECH

EN SYRIE, DES FRANÇAIS, DES AMÉRICAINS, DES ALLEMANDS S'ENGAGENT POUR LUTTER CONTRE L'ÉTAT ISLAMIQUE

PHOTOS VÉRONIQUE DE VIGUERIE

Un treillis et une kalachnikov à la place de l'habituel costume. Il y a quelques semaines encore, William travaillait dans « la com' ». Aujourd'hui, c'est à un autre genre de campagne qu'il participe. Ce Français de 45 ans a rejoint les rangs des « Lions de Rojava », les combattants du Kurdistan syrien aux prises avec les djihadistes de l'État islamique. Son engagement dépasse la cause kurde et n'a pas de fondement religieux. Pour lui, il s'agit avant tout de faire barrage au terrorisme, quitte à risquer sa vie. William a passé la frontière syrienne au lendemain des attentats de Paris. Comme lui, ils sont plusieurs dizaines d'Occidentaux à avoir sauté le pas. Et pas les armes...

Moins d'un kilomètre les sépare. Si, côté kurde, les hommes et les armes manquent, la volonté d'unifier un État en devenir est puissante. Créé sur les décombres de la guerre syrienne, le territoire de Rojava regroupe trois cantons au nord du pays. Mais certaines zones sont tombées dans l'escarcelle de Daech. Pour l'instant, il s'agit surtout de tenir les positions avant d'en conquérir de nouvelles. Issues d'horizons multiples, les recrues occidentales reçoivent une formation sommaire avant d'être réparties dans différents campements. Privilège non négligeable, elles peuvent choisir leur affectation afin de retrouver un compatriote. Les Kurdes ne parlant pas l'anglais, le dialogue est difficile. Même si, comme l'observe William, « le sifflement des balles est un langage universel ».

ENCADRÉS PAR LES COMBATTANTS KURDES, CES VOLONTAIRES NE SONT PAS DES TÊTES BRÛLÉES

Sur la ligne de front, à côté *(à g.)* d'un Américain armé et équipé, et de William *(à dr.)* autour d'un combattant kurde qui combat en joue, à la jumelle, les snipers de Daech.

Les brigades internationales contre Daech

En Syrie, des Français, des Américains, des Allemands s'engagent pour lutter contre l'État islamique.

Sur la base avancée de Tell Halaf, petit village syrien adossé à la frontière turque, les hommes ont improvisé un pique-nique au pied des silos. Sous un soleil qui réchauffe les champs de blé, ils engloutissent à la sauvette quelques poignées de riz pendant un moment d'accalmie. Josh, le sniper américain, fait le show et dégaine fièrement une fourchette de la poche de son gilet pare-balles. La seule dans toute la province du Rojava, assure-t-il à ses compagnons d'armes hilares. Son discret voisin réussit la prouesse de manger avec les mains dans un geste d'une plus grande élégance, poussant le raffinement jusqu'à s'essuyer avec un mouchoir plutôt qu'au revers de son treillis. Même dans la guerre, le soldat William a conservé ses bonnes manières. Rare Français à se battre au sein des Unités de protection du peuple (YPG), les milices kurdes syriennes, l'homme contrarie tous les clichés. Pas la montagne de muscles escomptée. Ni barbouze, ni paumé. Juste un type normal, à la tête d'une agence de communication qui, un beau matin, décide de prendre une année sabbatique pour s'en aller combattre l'État islamique. À l'origine de cet engagement peu commun, il y a un sentiment d'immense gâchis après les guerres conduites en Irak et en Afghanistan : « Des millions de dollars et tant de vies perdues pour que le mal triomphe. Je ne pouvais pas rester les bras croisés », dit le Français qui, depuis la chute de Mossoul en juin dernier, s'avoue obsédé par l'avancée sanglante des djihadistes dans la région. Depuis Paris, il visionne tout ce qu'il peut trouver sur Daech et son sillage d'horreurs, puisant dans l'insoutenable de quoi forger sa détermination. Mais l'homme se dit également soucieux, par sa présence aux côtés des Kurdes, de rétablir un semblant d'équilibre : « Il y a plus d'un millier de Français qui ont rejoint Daech. En me battant contre eux, je veux dire qu'ils ne représentent ni la France, ni ses valeurs. Et qu'on ne laissera pas ces barbares agir en toute impunité. »

Déterminé mais pas tête brûlée, William prépare pendant plusieurs semaines son départ, fouille la Toile et tombe sur la page Facebook des Lions de Rojava, du nom de la province syrienne du Kurdistan. Plus de 70 000 abonnés, et un message d'accueil limpide : « Envoyez les terroristes en enfer et sauvez l'humanité ». Accroché, le Français répond à un questionnaire sommaire en ligne : « Avez-vous un passé criminel ? Êtes-vous recherché dans votre pays ? », mais hésite : « Je trouvais ça un peu limite. Les administrateurs ne demandent aucun papier, il n'y a aucun filtre ». L'attentat du 7 janvier balaie ses dernières réticences. William est chez ses parents, à 300 mètres des locaux de « Charlie Hebdo », quand résonnent les coups de feu. « Là, je me suis dit : ils ont buté douze journalistes en plein Paris, il faut y aller. » Un saut dans l'inconnu : à quarante-cinq ans, William n'a jamais mis les pieds au Moyen-Orient. Encore moins dans une zone de guerre, qu'il rejoint pourtant avec une facilité déconcertante. Un vol commercial de Paris à Sulaimaniya, au Kurdistan irakien, puis il passe clandestinement la frontière syrienne de nuit, à bord d'un petit Zodiac qui traverse les eaux boueuses du Tigre. Quelque part dans ce paysage de Larzac peuplé de troupeaux de moutons et de derricks aux bras figés en l'air, le Français est formé en quinze petits jours dans une académie militaire. Son service militaire remonte à plus de vingt ans, mais, « les armes, c'est comme le vélo, ça ne s'oublie pas », rigole-t-il.

Les YPG, la branche syrienne du PKK, proposent également à leurs combattants étrangers une immersion de deux mois dans l'histoire du peuple kurde. William passe. Trop idéologique : « Mon combat, c'est l'État islamique, pas la révolution kurde ou le marxisme. » Et ajoute, lucide : « Nous sommes des alliés de circonstance. Les Kurdes le savent bien : on est une cause perdue pour eux. »

De fait, les utopistes, anarchistes ou militants d'extrême gauche, ne sont pas légion parmi les recrues étrangères des factions kurdes. On y trouve majoritairement des vétérans de la guerre en Irak et en Afghanistan, comme Josh et sa fourchette, venus finir le job : « Daech, c'est une métastase d'al-Qaida. Maintenant, il faut éradiquer le cancer djihadiste pour de bon. » À ses côtés, Dragos, corps de colosse surmonté d'un visage poupon, opine du bonnet en bichonnant sa kalachnikov de fabrication roumaine, comme lui. Âgé de dix-huit ans, le lycéen confie avoir fugué, à quelques mois du bac, pour rejoindre la Syrie et « éprouver la joie d'au moins en tuer un ». Un matin, il a cassé sa tirelire, pris un bus de Bucarest à Munich, et s'est envolé pour le Kurdistan irakien où il a rejoint un groupe de combattants étrangers, dont William, avec lequel il a suivi la formation à l'académie militaire. « Complètement inutile : j'ai appris à quatorze ans à démonter un PKM », frime le gamin, pressé d'en découdre pour honorer la promesse faite à sa mère de rentrer pour Noël. Josh, lui, se dit prêt à rester « six mois ou six ans », le temps nécessaire pour libérer le pays et prouver la sincérité de son engagement. « Je suis un combattant de la liberté, pas un chien de guerre qui touche son chèque à la fin du mois », précise-t-il pour couper court aux suspicions de mercenariat.

Moins connu pour ses faits d'armes que pour sa participation à un programme de télé-réalité où il devait survivre nu sur une île déserte, l'ancien *marine* de vingt-huit ans reconnaît quelques errances hors des champs de bataille, mais affirme avoir trouvé sa voie au Rojava. Il se sent à sa place dans ce monde binaire et rassurant des « *good guys* » contre les « *bad guys* ».
« Cet endroit est ma maison ; ce peuple, ma famille ; ce combat, celui pour l'humanité tout entière », récite-t-il la main sur le cœur, volontiers lyrique comme on sait l'être au Kurdistan.

Quelques bémols, cependant : la nourriture, « dégueulasse », et la logistique, un « cauchemar » : « Il faut tout oublier de ce que tu sais sur les armées occidentales. C'est la grande débrouille, ici. » William confirme : « On n'a pas d'armes lourdes, et on se bat à un contre huit. Quand on est une dizaine à tenir une position et qu'ils déboulent à cent, on recule et on manœuvre le lendemain... »

Depuis la base de Tell Halaf, dans le canton de Ciziré, le ruban de bitume file tout droit vers Kobané, l'autre enclave kurde. Les YPG se battent kilomètre par kilomètre pour tenter d'unir le Rojava, à la fois une région et un idéal, troué de centaines de kilomètres et d'autant de militants de l'État islamique. Dans ce combat acharné, les étrangers ont aussi payé leur tribut. Le 20 mars 2015, au milieu des célébrations de Norouz, le nouvel an persan, les YPG ont rendu un vibrant hommage aux premières victimes occidentales : l'Anglais Erik Scurfield, l'Australien Ashley Johnson, et l'Allemande Ivana Hoffmann, tombés en héros sous les balles des islamistes. « Nous essayons de ne pas les envoyer sur le front, mais la plupart insistent. Ils viennent de loin, ils veulent faire la guerre, la vraie », s'excuse le porte-parole des YPG, Rédur Khalil, qui reconnaît cependant que loin d'avoir découragé les bonnes volontés, ces martyrs médiatisés auraient suscité de nouvelles vocations en Europe, portant le nombre d'engagés occidentaux à environ 150. Une goutte d'eau, au regard des 16 000 étrangers ayant rejoint les rangs de Daech, mais un symbole fort autant qu'un réconfort pour les Kurdes, qui désespèrent du soutien de la coalition internationale : « Bien sûr, nous préférerions des armes, mais nous espérons que leur présence encouragera leurs pays à soutenir notre lutte », déclare sans ambages le porte-parole, qui se défend de chercher à recruter hors des frontières précaires du Rojava. D'autres s'en chargent, et même fort bien. Comme Jordan Matson, surnommé par ses petits camarades le « Brad Pitt du Kurdistan », devenu le porte-drapeau photogénique de la cause kurde. Blessé dès le lendemain de son arrivée par un tir de mortier, l'ancien *marine* a passé sa convalescence à alimenter le site des Lions de Rojava et à répondre au flot d'aspirants combattants, dont beaucoup ont franchi le pas sur ses précieux conseils. De retour sur le front, croix en évidence sur son gilet pare-balles, le beau sniper se défend de faire de la politique ou de livrer un combat millénariste. Mais ne renie rien de cette fructueuse stratégie de communication : « Je devais parler de notre combat ici. La plupart de mes compatriotes pensent que la Syrie n'est qu'un ramassis de terroristes qui se battent les uns contre les autres. Nous avons besoin de tout le soutien disponible. »

Sur le terrain, certains auraient cependant tendance à penser que cette internationale de l'anti-djihad est à double tranchant : « Ça attire beaucoup de cons qui souhaitent juste "updater" leur profil Facebook avec des photos de guerre, et de bras cassés qui foutent le camp à la première bombe », grogne Brian, vétéran de la première guerre du Golfe, l'un des premiers à avoir rejoint les YPG en septembre 2014. L'homme s'agace de voir la Syrie transformée en « camp de vacances » pour Occidentaux en mal de sensations fortes. Derrière les valeurs de fraternité affichées, une autre guerre se joue : celle des puristes contre les « touristes », accusés de venir faire la guerre pour quelques semaines avant de repartir frimer dans les dîners. Si Rédur Khalil reconnaît que son organisation a parfois dû prendre en charge un billet retour pour des volontaires pressés de rentrer, la question de ces défections n'est, à l'évidence, pas son sujet de prédilection. Pourtant, une quarantaine de combattants auraient déjà tourné les talons.

Les brigades internationales contre Daech

Certains s'estimant sous-exploités, comme ces deux snipers anglo-saxons qui ont récemment quitté la base de Tall Alaf, frustrés de n'avoir pu enseigner leur expérience à des Kurdes jaloux de leurs prérogatives. D'autres encore ont été poussés vers la sortie, comme ce Britannique qui volait les affaires de ses petits camarades pendant la nuit ; ou cet Allemand lunaire qui a perdu son arme et ses bottes le premier jour, passant les suivants à manger et dormir. Quelques divas, aussi, qui voulaient leur propre véhicule ou des armes dernier cri.

« Les Kurdes disent : "Nous n'avons d'amis que les montagnes." Gagner leur confiance prend du temps, et ces types nous font du tort », philosophe Hans, un solide Allemand qui précise avoir sacrifié, dans l'ordre, son travail de manager dans un bowling, sa maison, son chien et sa compagne, pour se retrouver à « chier dans un trou ». Dans cet inconfort, le trentenaire « fait de cicatrices », comme il le revendique en lettres d'encre tatouées sur sa large nuque, dit s'être enfin « trouvé ». Comme si l'État islamique avait donné un noble sens à sa vie. Pour William, au contraire, cette guerre n'a rien d'une réalisation personnelle et tout d'un sacerdoce. Il reconnaît trouver parfois le temps long, confiné à la base en raison des risques d'attentats-suicides au-dehors, à boire des litres de thé quand il rêverait d'un bon whiskey. Il confie aussi ne trouver aucun charme au bouge qui lui sert de chambre, et peu d'intérêts communs avec ses frères d'armes biberonnés à la testostérone. S'il n'ambitionne pas de mourir en héros à des milliers de kilomètres de chez lui, William considère son engagement comme un devoir. Le sien, comme celui de tous les Français « célibataires et vaillants » : « Venez me rejoindre ! Ce combat, c'est aussi le nôtre. » Et tant pis si ça manque de whiskey.

WILLIAM « LE JOUR DE L'ATTENTAT À "CHARLIE HEBDO", JE ME SUIS DIT : ILS ONT BUTÉ DOUZE PERSONNES EN PLEIN PARIS, IL FAUT Y ALLER »

Josh, ancien marine, affirme avoir trouvé sa voie dans ce monde binaire et rassurant des « good guys » contre les « bad guys »

Dans les pas

des Sherpas

LE NÉPAL EN CHIFFRES :
> 28 millions d'habitants, une centaine d'ethnies, entre 50 et 150 000 Sherpas selon des recensements plus ou moins optimistes,
> près de 8 000 morts dans le terrible tremblement de terre d'avril 2015 (selon les estimations de fin mai 2015),
> 8 sommets à plus de 8 000 mètres sur les 14 existants dans le monde, dont l'Everest, le graal des trekkeurs.

NOTRE RECORD :
> 2 000 mètres de dénivelé en deux jours, six jours de marche : notre trek à nous.

NOS ALLIÉS :
> les joggings préparatoires,
> Lakhti, notre Sherpanie toulousaine qui nous a concocté un circuit sur mesure,
> notre porteur, qui nous a délestées de nos sacs et cuisinait les patates à merveille.

NOS ADVERSAIRES :
> le mal des montagnes,
> la descente qui fait mal aux articulations,
> les distances à parcourir à pied qui demandent temps et énergie.

NOTRE BUDGET :
> défiant toute concurrence ! Logement chez l'habitant dans les montagnes et patates bouillies à chaque repas,
> ce qui nous a ruinées : les cachemires achetés en récompense à Katmandou.

INDISPENSABLES :
> de bonnes chaussures,
> un moral d'acier,
> et des barres de céréales pour faire passer les patates.

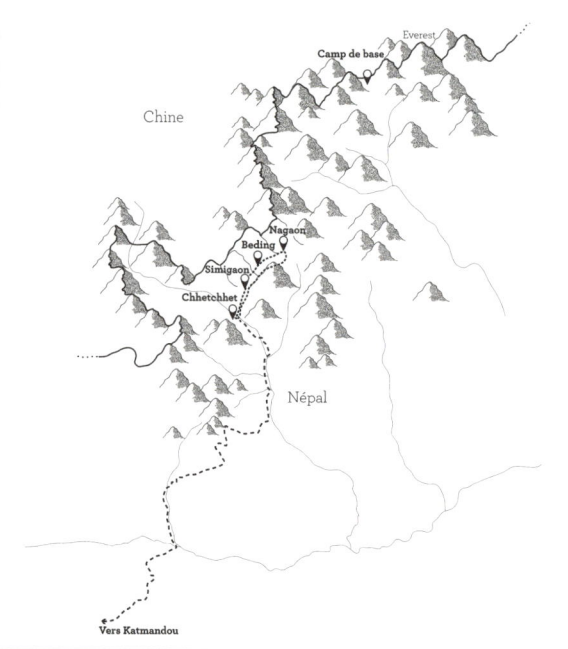

Chez l'habitant, confort spartiate et froid polaire. Ou comment partager de beaux moments au coin du feu. Hari, notre traductrice, est de corvée de patates. Ambiance studieuse, tant que l'électricité est là !

NÉPAL
DESTINATION :
> la vallée perdue de Rolwaling.
REPORTAGE :
> les Sherpas, leur vie, leur devenir.

C'est le genre de sujet dont on regrette assez vite d'avoir eu l'idée.

Sur le papier, tous les voyants du photojournalisme sont au vert : une ethnie mythique, des paysages grandioses, la transition passionnante d'un mode de vie traditionnel à une économie de marché liée au développement de l'alpinisme dans la région. Dans la pratique, ça veut dire partir longtemps, marcher beaucoup, gravir des sommets à 4 000 mètres d'altitude, survivre au mal des montagnes. Pour une fois, il n'est pas question de force de persuasion ou de sens de la débrouille, mais uniquement de condition physique. Il faut tout miser sur un corps qui peut largement trahir. Pour des adversaires assumées de la randonnée, accros aux Marlboro Light, l'exercice ne relève même plus du sacrifice professionnel mais du pur masochisme.

Une improbable connexion toulouso-sherpanie nous facilite grandement la vie. Lakhti, ancienne organisatrice de treks népalaise exilée en Haute-Garonne (où la famille de Viguerie compte de solides appuis), accepte de reprendre du service pour nous organiser une immersion chez les « vrais » Sherpas. Comprendre : ceux qui n'ont pas été corrompus par le business de l'Everest, en passe de devenir une véritable autoroute peuplée de touristes, de lodges 5 étoiles et de cybercafés. La spécialiste nous recommande plutôt la vallée de Rolwaling, lieu de son enfance, sauvage et authentique, où les villages les plus reculés sont situés à quatre jours de marche. On s'équipe en conséquence : grosses chaussures, vilains tee-shirts antitranspirants, vestes en Gore-Tex fluo...

Je suis malade à l'idée de porter ces horreurs. L'élégance en reportage n'a rien d'une évidence, mais en préserver un semblant d'apparence me semble une politesse élémentaire envers nos interlocuteurs, trop souvent abonnés aux étrangers mal attifés. Comme si cette marque de respect n'était réservée qu'aux contrées « civilisées ». Depuis mon irruption malheureuse en tongs dans le bureau d'un petit fonctionnaire de brousse tiré à quatre épingles, j'y veille tant bien que mal, hantée par le souvenir de son regard outré sur mes pieds douteux. Je sais qu'en l'occurrence, on ne me demande pas de faire un défilé de mode dans l'Himalaya, mais me transformer en égérie du Vieux Campeur ne me réjouit pas.

Du côté des messieurs

Un qui est ravi, c'est mon mari, qui lit pour de vrai *Trek Magazine*, vénère Maurice Herzog et rêve d'un 8 000 mètres pour ses quarante ans. Je sais qu'il compte sur une hypothétique « révélation himalayenne » pour troquer la plage contre un trek lors de nos prochaines vacances. Il peut toujours rêver, mais je me garde bien de le contrarier. Trop heureuse qu'il accepte sans rechigner de jouer le père célibataire pendant deux longues semaines. Même abnégation du côté de l'homme de Véro. Merci, et chapeau bas, Messieurs ! Logistiquement, ce n'est rien une telle absence avec des enfants en bas âge – même avec l'aide de grand-mères dévouées et d'une nounou exemplaire. Grand reporter est un métier d'égoïste. Pendant qu'on joue les filles de l'air, il faut bien que quelqu'un assure la réalité, moins glamour, du quotidien. Savoir que tout va bien quand nous sommes loin n'atténue ni notre culpabilité de mères, ni le manque physique de nos petites, mais permet au moins de se concentrer sur le reportage.

La V.O., *please* !

En l'occurrence, il commence mal puisque après un pénible vol de nuit, personne ne nous attend à l'aéroport. Notre contact à Katmandou, qui se trouve être le frère de Lakhti, nous rattrape tout penaud à l'hôtel avec des guirlandes de

Très croyants, les Sherpas font souvent appel aux moines pour organiser des *puja*, cérémonies où l'on présente des offrandes aux dieux en invoquant leur protection.

fleurs flétries, une haleine chargée de whiskey et une excuse béton : leur vieille maman vient de mourir. Le lendemain, il se fait porter pâle pour le trek. En catastrophe, on constitue une nouvelle équipe. Notre nouveau guide est charmant (et à jeun, lui), mais pas en mesure de m'aider à traduire les interviews que je projette dans les villages nichés au sommet. J'ai souvent l'impression désagréable de passer pour une diva quand je demande un bon traducteur, d'autant que mon propre anglais n'est pas exactement celui d'Oxford. Le *lost in translation*, c'est mon angoisse et mon obsession.

Je veux être sûre de recueillir les mots exacts, de retranscrire la langue dans toutes ses nuances et ses expressions, pour ne pas trahir la parole ni travestir les témoignages, et à l'arrivée accoucher d'un texte sec. Je bassine tout le monde avec cette impérieuse nécessité, mais au Népal, m'explique-t-on, soit on grimpe, soit on est doué pour les langues étrangères. Impossible de trouver un guide interprète, donc. On se rabat sur une jeune étudiante en médecine qui n'a pas exactement le physique d'une athlète de fond, mais qui présente le double avantage d'être motivée par l'aventure et de parler plus de deux mots d'anglais. Secrètement, je me dis aussi qu'au pire, si elle flanche pendant l'ascension, elle servira de paravent à mes propres défaillances…

Le malheur des uns…

Dans le genre « pensée honteuse », force est de reconnaître que le décès de l'aïeule arrange nos affaires. Les funérailles doivent se tenir précisément dans la vallée où nous avons prévu de nous rendre, à une dizaine d'heures de Katmandou. Un minibus a été affrété pour l'occasion par la famille de notre Sherpanie, dans lequel nous prenons place au milieu des proches endeuillés, des poulets et des sacs de riz en vue des agapes religieuses. Et c'est parti pour une longue épopée cahoteuse et glacée, à cause d'un neveu nauséeux qui nous impose de rouler la fenêtre ouverte. Une heure avant l'arrivée, le bus marque un léger stop au détour d'un pont. Encore nimbé de vapeurs d'alcool, le frère saute et, ni une, ni deux, balance dans les eaux agitées un carton de cendres : les restes de Maman. Avec Véro, on est un peu atterrées. On s'attendait à davantage de cérémonies, mais on se recentre vite sur nos petits problèmes : le bus ne va pas plus haut, on doit finir à pied. Trois heures pour atteindre le premier village où nous devons rester vingt-quatre heures, histoire de nous acclimater.

En haut, c'est beau, mais c'est « roots ». On dort tout habillées dans une maison en pierre froide et humide, avec vue imprenable sur les cimes enneigées de l'Himalaya. On mange des patates bouillies le midi, et des patates bouillies le soir. Les habitations étant disposées en éventail dans la vallée, chaque rencontre nous coûte en moyenne deux heures de marche. Alors, crapahuter toute une matinée pour découvrir une famille qui appartient au groupe ethnique des Tamangs quand on fait un sujet sur les Sherpas nous ravit modérément. La suite de l'expédition s'annonce également incertaine, du moins pour moi :

On apprécie la pause après huit heures de marche au pas de course. Nos genoux grincent méchamment.

plus on grimpe, plus les êtres humains se font rares, et plus mes interviews risquent de tourner au monologue. Comment engager des gens qui sont dans la survie quotidienne à s'interroger sur le sens de leur existence ? Les habitants de ces terres ingrates n'ont pas le luxe de se poser de questions, ni les outils pour répondre aux miennes. Pour Véro, l'exercice est plus gratifiant : notre progression vers les sommets est ponctuée de Sherpas en exercice et de paysages photogéniques. Elle fait la course en tête, excitée en pensant aux possibles rencontres, angoissée à l'idée que notre expédition habillée de fluo ne ruine la photo.

Même pas mal

La première journée d'ascension se passe étonnement bien. On marche au milieu des rhododendrons en fleur, des cascades – qu'on franchit en équilibre sur des troncs de bois –, et des rivières translucides – qu'on enjambe sur des ponts de singe branlants. Mes joggings préparatoires et le mental d'acier de Véro portent leurs fruits : on ne met « que » six heures pour rejoindre le village étape, contre les huit annoncées. Et même, on se retrouve à devoir attendre notre guide quinquagénaire et la petite traductrice dodue qui, eux, traînent la patte. On devrait le savoir, pourtant, qu'il faut se garder de tout triomphalisme. Le lendemain, ça se corse : on monte à près de 4 000 mètres, l'air se fait plus rare, notre respiration moins harmonieuse. Après des heures de marche, quand se dresse face à nous un ultime raidillon qui taille à la verticale sur des centaines de mètres, on se demande ce qu'on est venues foutre dans cette galère.

En plus, on joue une course contre la montre : on veut arriver tôt au prochain lieu d'habitation, pour que je puisse enfin faire quelques interviews, et que Véro ait le temps de continuer son ascension avant la nuit à la recherche de yaks – sa dernière obsession photographique en date. Une quête obstinée qui s'avère modérément payante : peu de bestioles au sommet, mais une tempête de neige qui entame ses inépuisables réserves. La redescente est douloureuse pour tout le monde. Nous devons faire deux étapes en une, histoire de ne pas rater tous nos rendez-vous à Katmandou, où se joue la deuxième partie de notre reportage. Ce qui implique neuf heures de marche forcée à dévaler la montagne en pleurant sur nos articulations plus si jeunes. À l'arrivée, en dépit de notre démarche boitillante, on est fières comme des premières communiantes. Je ne sais pas si ce sera notre meilleur reportage, mais c'est indiscutablement celui qu'on s'est le plus gagné.

Cinq jours après notre retour, la terre tremblait, faisant des milliers de morts et détruisant les villages que nous venions d'arpenter. Ce séisme a profondément modifié le cours de l'histoire du Népal, et l'histoire que nous voulions raconter. À l'heure du bouclage de ce livre, elle reste à écrire, pendant que le pays n'en finit pas de panser ses plaies.

M.

article à paraître dans *Geo*, n° 438, août 2015

À 4 000 mètres d'altitude, sur la route pour le dernier village de la vallée. La neige s'abat soudain, seul notre guide a prévu un parapluie.

Sujet potentiellement magnifique

AVANT DE PARTIR
> De belles images se profilent. Il va falloir être à la hauteur des attentes des rédactions.
> Ma photo idéale : quelques bergers avec leurs yaks, dans un décor sauvage. Incroyable moteur pour enquiller les dénivelés, braver les tempêtes de neige et oublier que je vais passer mon anniversaire comme une âme en peine, sans électricité et même sans bougies.

SUR PLACE
> Le challenge à relever est physique. Objectif : éviter à tout prix le mal des montagnes pour ne pas perdre bêtement du temps.
> Le premier problème : il fait froid, très froid, surtout au fin fond de la vallée. Mes batteries se déchargent à une vitesse folle. Le soir, je les mets au chaud dans mon sac de couchage, et je dors avec.
> La vraie déception : il n'y aura pas la photo rêvée des yaks. C'est pour elle que je suis montée au village de Na, presque un caprice, abandonnant Manon, sans respecter le palier d'acclimatation, traînant bon gré mal gré notre guide épuisé… Mais en dépit de tous mes efforts, elle ne s'est pas présentée. Je l'ai attendue, cherchée partout, en vain…

KATMANDOU
Je fais la gueule sur le chemin du retour vers Katmandou. On quitte des paysages époustouflants, des gens qui vivent comme au siècle dernier, pour arriver dans une capitale surpeuplée, polluée et remplie de touristes. Au programme, je dois photographier des Sherpas qui ont réussi comme pilotes d'hélicoptère, hommes politiques, businessmen, etc. Ça ne me fait pas rêver. Pourtant, il va falloir que je rende ces photos intéressantes en évitant l'effet catalogue. Alors, même si je marche comme un canard boiteux, je me jette avec entrain dans les entrailles de Katmandou. On multiplie les rendez-vous pour choisir le bon client, celui qui aura ce petit truc en plus. Je pense à faire des « mises en contraste » comme, par exemple, entre le frère resté dans la vallée avec sa mère et celui qui a été envoyé au pensionnat. Mais il faut vraiment travailler les photos prises à Katmandou. Contrairement aux montagnes, elles ne se présentent pas à moi sur un plateau.

V.

S'IL N'EN RESTAIT QU'UNE…
Celle-ci, vous ne la verrez malheureusement jamais. Imaginez des yaks et leurs bergers, le vent qui siffle, l'immensité qui vous écrase, des montagnes majestueuses saupoudrées de neige…

Elle ira rejoindre l'album des photos que je n'ai pas prises, inscrites à jamais dans mon cerveau. Certaines sont jolies, d'autres beaucoup moins. Je dois en faire le deuil. Ces absentes sont celles qui me marquent le plus. V.

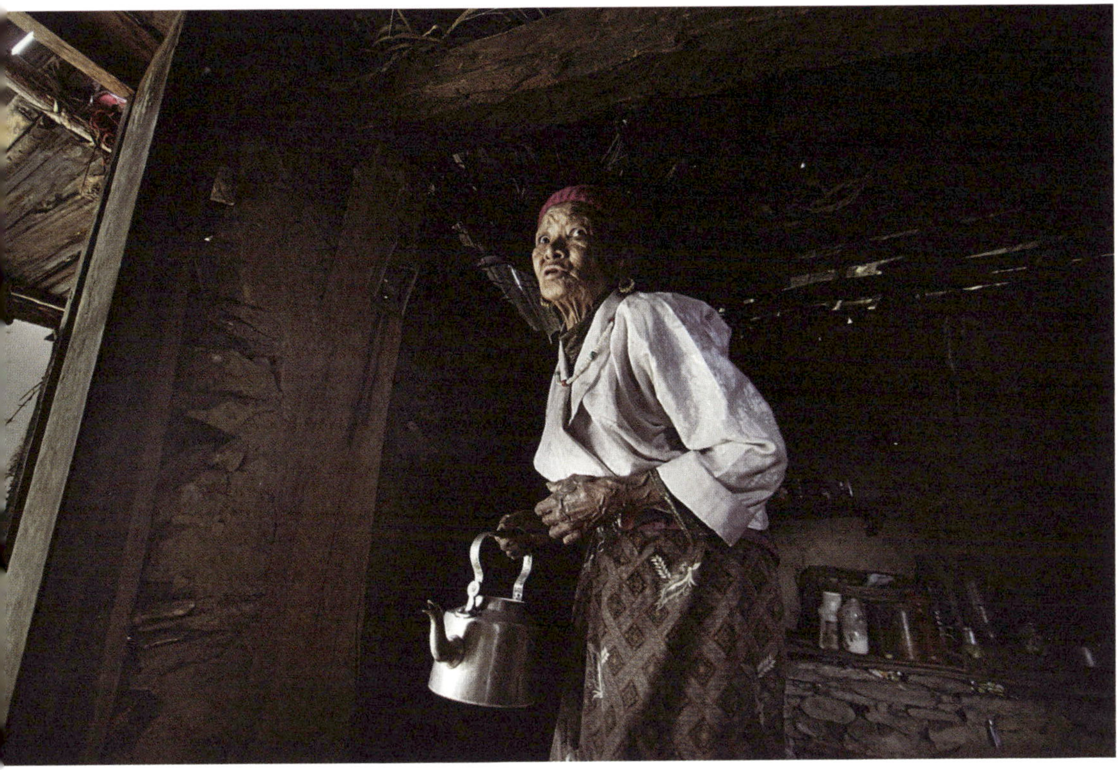

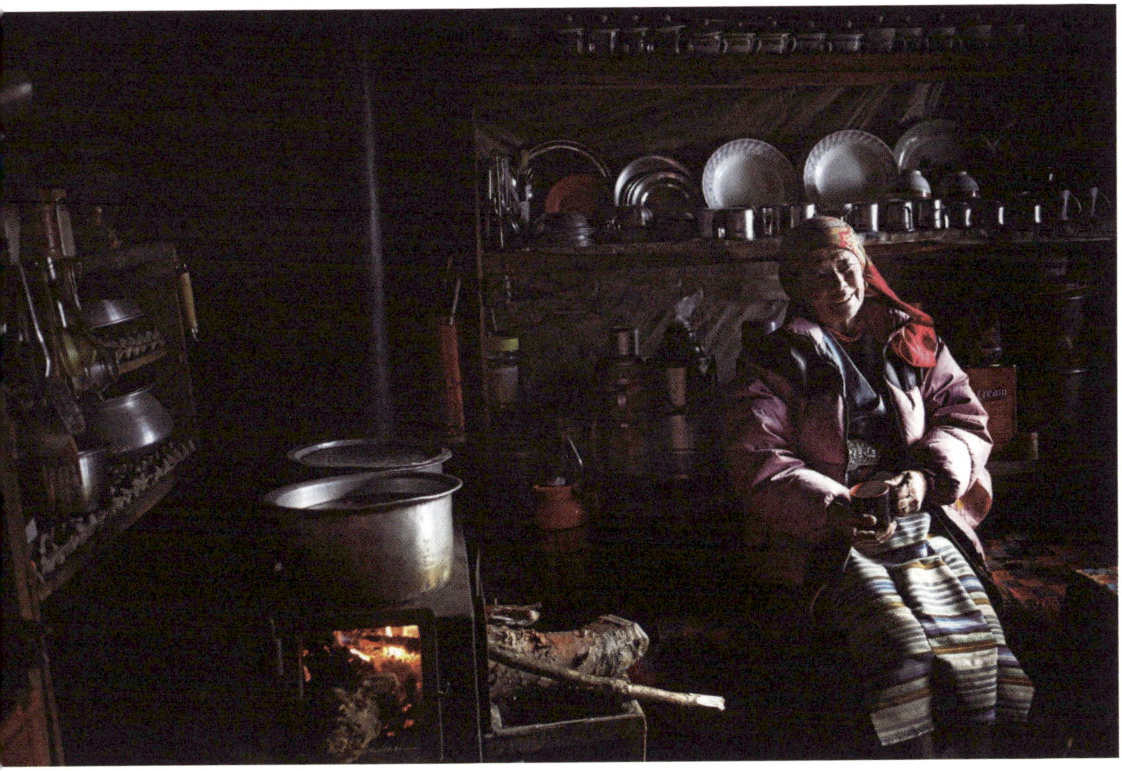

Ci-dessus. Dès l'enfance, on porte et on grimpe, tout et tout le temps. Simigaon, 2 000 mètres.
Ci-dessous. les Sherpas sont éleveurs de yaks et cultivateurs de patates. Beding, 3 700 mètres.

Pour multiplier les récoltes de pommes de terre, les Sherpas déménagent trois fois par an.

Ci-dessus. Grâce à son travail de guide, Nzime Sherpa a déménagé à Katmandou où il est fier d'offrir une éducation de qualité à ses filles. Ci-dessous. L'ethnie Tamang vit en harmonie avec les Sherpas à Simigaon.

Ci-dessus. Pem Cheki, veuve, reste seule avec son fils à Simigaon, alors que ses deux autres fils étudient à Katmandou. Ci-dessous. Les retraités de l'Everest, comme Pasang Norbu, ne perçoivent aucune pension.

Ci-dessus. Nag Che s'est blessé en gardant ses yaks. Il attend l'hélicoptère qui le conduira à l'hôpital de Katmandou. Ci-dessous. Famille réunie pour les funérailles d'un jeune homme de vingt et un ans, Simigaon.

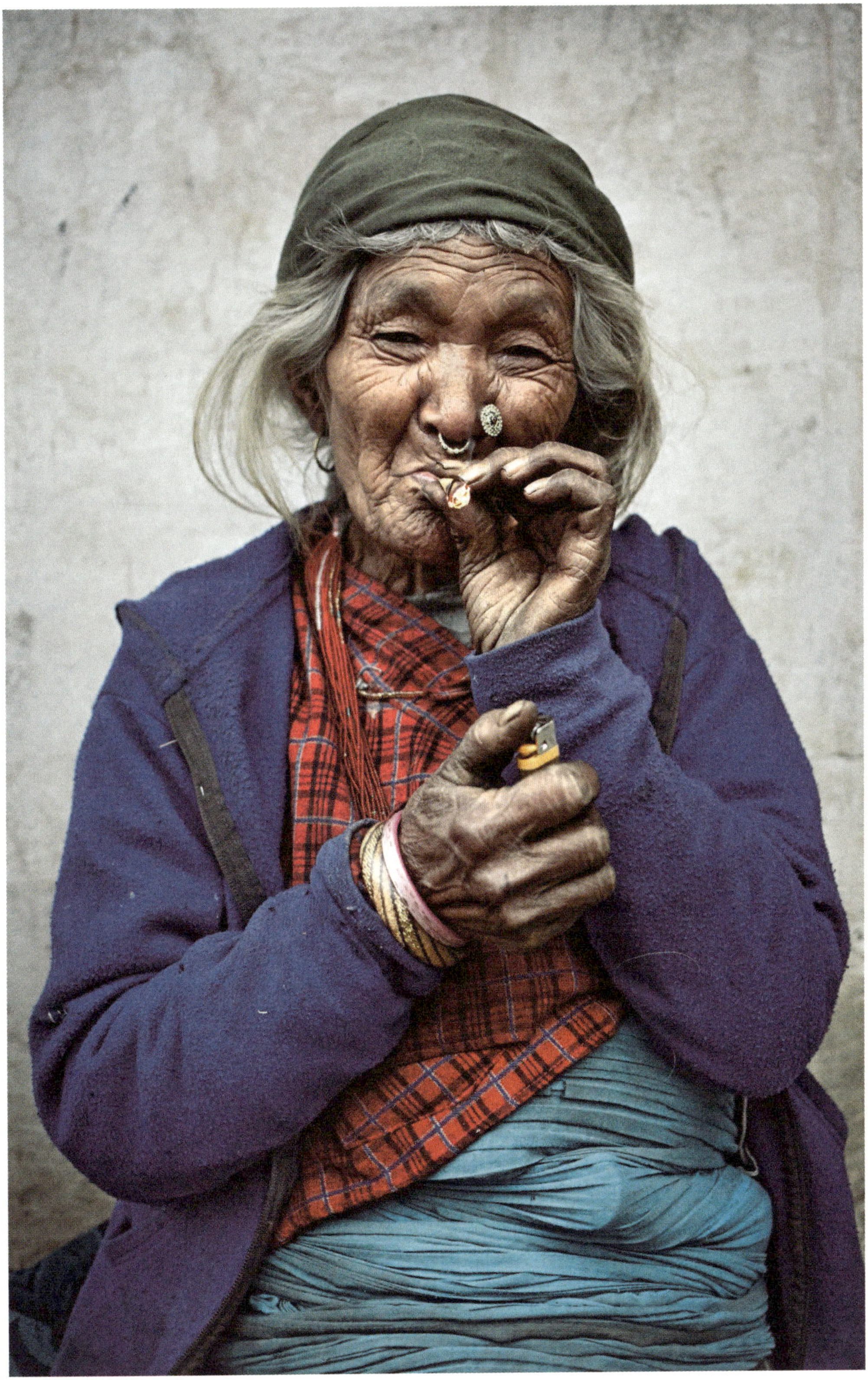

Katmandou, une des capitales les plus polluées au monde.

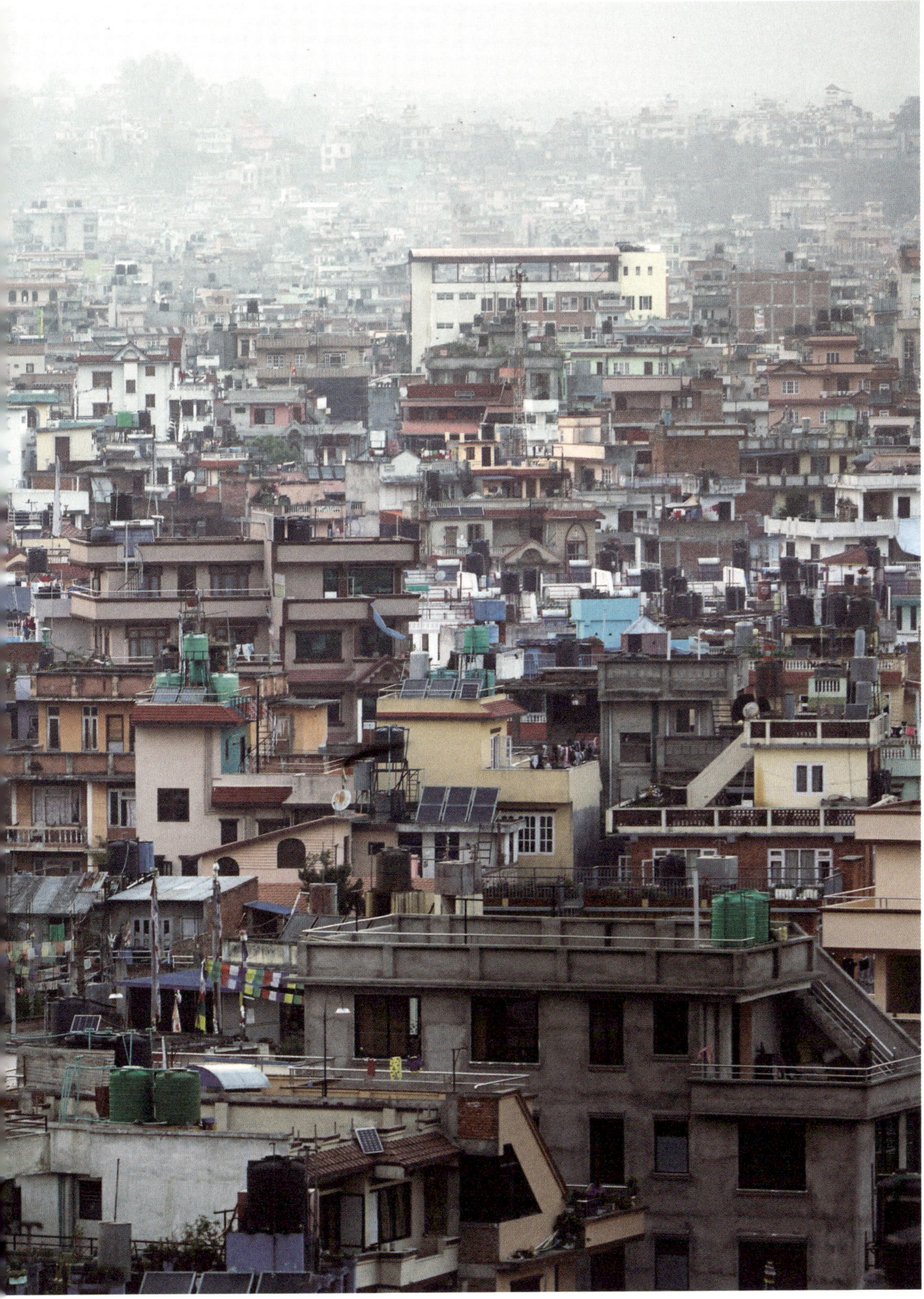

Épilogue

Ce livre à peine bouclé, nous reprenons la route, des fourmis dans les jambes. Direction la Birmanie, cette fois, pour tenter d'attirer l'attention sur la condition des femmes rohingyas – une minorité ethnique dont personne n'avait entendu parler jusqu'à ce cynique ping-pong humain auquel se sont livrés les pays voisins pour repousser ces candidats à l'exil loin de leurs côtes... Une problématique noyée dans le flot des migrants qui tentent chaque jour de s'inventer un autre destin, et qu'il nous faut extraire de l'angle mort de l'actualité. Sans prétendre avoir le pouvoir de changer le cours des choses ou de peser sur la politique mondiale, mais en exerçant notre responsabilité d'attiser un peu les consciences.

À nouveau, il faut se mettre à niveau, débusquer des contacts sur place, échafauder un plan de bataille. Comme à la veille de chaque départ, la pression monte, et c'est bon. Nous redoutons ce jour où témoigner ne nous empêchera plus de dormir, où les personnes, leurs fêlures et les enjeux qui les dépassent souvent deviendront interchangeables à nos yeux blasés. Ce jour où la flamme s'éteindra, et où il faudra bien s'inventer une vie sans le reportage – pensée douloureuse aujourd'hui... Pourtant, le journalisme s'est invité tard dans nos vies. Plus jeune, Véro voulait être parachutiste, et moi, psychanalyste. Saut dans l'inconnu et art de la confession : à bien y réfléchir, nous ne sommes pas si loin de nos premières vocations...

Épilogue

Une décennie après nos débuts balbutiants, notre métier, bien plus qu'un gagne-pain, fait partie intégrante de ce que nous sommes, des valeurs auxquelles nous sommes attachées, des combats auxquels nous croyons. La vie et le reportage ne sont pas des mondes étanches : les deux déteignent l'un sur l'autre. Ce mélange des genres conditionne les femmes, les reporters et les mères que nous sommes devenues, capables de menacer un bébé chipoteur d'un séjour dans un camp de réfugiés pour connaître sa chance d'avoir à manger… Ou, au contraire, incapables de retenir nos larmes quand l'effet miroir brise nos pseudo-armures de professionnelles. C'est ce numéro d'équilibriste que nous avons voulu raconter au fil de ces pages.

À quoi ressemblerons-nous dans trente ans ? Nous aimons nous imaginer toujours sur les routes, le cheveu grisonnant, la démarche ralentie, s'appuyant l'une sur l'autre comme un bâton de vieillesse pour continuer à sillonner le vaste monde. Un vœu pieux, sans doute. Mais pour une fois que, dans ce métier, on peut se bercer de douces illusions, rêvons !

Remerciements

Merci à nos familles, qui nous aiment et nous laissent pourtant faire. *Thanks* spéciaux aux grand-mères formidables qui prennent le relais en notre absence ;
Tout mon amour à Joris, qui me pousse hors du cocon chaque fois que nécessaire et m'offre le luxe de la sérénité pour faire cet exigent métier ;
Mille mercis à mon Ben, formidable compagnon de vie, à l'épaule apaisante et au regard pertinent ; papa génial qui me permet de partir en paix ;
Merci à Catherine Durand et Marianne Mairesse pour leur confiance et leur engagement sur la durée dans nos projets pour *Marie Claire* ;
Merci à Éric Meyer, Aline Maume, Catherine Segal et toute l'équipe de *Geo* pour les beaux reportages réalisés ensemble ;
Merci à Jérôme Huffer et Régis Le Sommier, de *Paris-Match*, de nous avoir suivies pour le reportage sur la Syrie ;
Merci à ceux qui ont accepté de nous faire confiance et de nous offrir un instant de leur vie. À ces belles rencontres qui ponctuent le livre. À nos fixers : Zahina, Yéka, Sharif et Omar, sans qui ces reportages n'auraient pas été possibles ;
Merci à Jocelyn Rigault, à l'origine de ce livre ;
Merci à Anne-Laure Cognet, pour sa finesse et son enthousiasme, et à Valérie Gautier pour sa mise en pages aux petits oignons.

Sources et crédits. Pages 8, 12 et 13 : Manon Quérouil-Bruneel et Véronique de Viguerie © Benoît Paillet, 2015. Pages 40-47 : « L'Afghanistan, ces chefs de guerre qui font la loi », in *Geo*, n° 410, avril 2013. Pages 68-73 : « Pourquoi Boko Haram kidnappe nos filles », in *Marie Claire*, n° 742, juillet 2014. Pages 96-101 : « Irak, les insoumises kurdes en guerre contre le djihad », in *Marie Claire*, n° 748, octobre 2014. Pages 128-129 : « Pilleurs de sable », in *Geo*, n° 420, février 2014. Pages 130-137 : « Chasseurs d'icebergs », in *Geo*, n° 430, décembre 2014. Pages 164-169 : « Soleil voilé sur les Maldives », in *Marie Claire*, n° 753, avril 2015. Pages 192-197 : « Les brigades internationales contre Daech », in *Paris-Match*, n° 3438, 7 avril 2015.

Équipe éditoriale Styles
Cartographie : Corentin Berger et Gemma Mila Cartaña
Correction : Claire Lemoine
Photogravure : Articrom
Achevé d'imprimer en juillet 2015
sur les presses de Pollina à Luçon
Dépôt légal : août 2015
ISBN : 978-2-7324-6646-0
Imprimé en France